Dolores Kummer

Glücksorte an der Ostsee

Mecklenburg-Vorpommern

Droste Verlag

Dieses Buch gehört

Liebe Glücksuchende,

solange ich an diesem Buch schrieb, begleitete mich auch das Glück. Es gab viele Orte auf meiner Reise, wo ich dachte: Wenn das Glück hier nicht zu Hause ist, wo dann? Aber Glück ist etwas ganz Individuelles! Viele Besucher loben die intakte Natur an der Ostsee: saubere Luft, große Artenvielfalt, riesige Küstenwälder, romantische Boddenlandschaft. All das macht glücklich, ist aber kein Zufall, sondern engagierten Naturschützern zu verdanken, die 1990 – nach den ersten freien Wahlen der DDR – ein umfangreiches Nationalparkprogramm verabschiedeten, später nannte man es „Tafelsilber der Einheit".
Vieles ist möglich, wenn man die Wahl hat, darum ist Glück für mich ganz eng mit Freiheit verbunden. Ich habe die Mauer noch erlebt, als die gesamte Küste Grenzgebiet war. Nur Patrouillenboote der Volksmarine waren auf dem Wasser und Fähren nach Schweden, auf denen man nie mitfahren durfte. Heute undenkbar! Dampfer, Segelboote, Surfer auf dem Meer, das ist ein Anblick, der mich immer wieder freut und froh macht.
Entdecken Sie in diesem Buch ein freies Mecklenburg-Vorpommern mit gastfreundlichen Menschen, die Sie herzlich willkommen heißen.

Ihre Dolores Kummer

Deine Glücksorte …

… noch mehr Glück für dich

Paradies am Meer

1 *Das StrandResort in Rostock-Markgrafenheide*

Eine bessere Lage gibt es kaum. Direkt am weißen Sandstrand und nur einen Katzensprung von Warnemünde entfernt, findet man das Strand-Resort Markgrafenheide. Gleich dahinter lädt die Rostocker Heide mit ausgedehnten Mooren, Wäldern und Wiesen zum Wandern ein. Das Resort im nordischen Stil ist nicht zu groß, es sind 21 Dünenhäuser mit je drei Familienwohnungen und zwei barrierefreie Appartementhäuser für Singles und Paare.

Ein besonderer Fokus liegt hier auf sportlichen Aktivitäten, neben einem Fahrradverleih steht eine gut ausgebildete Wassersport-Crew bereit, die von Mai bis September in Surfen, Segeln oder Paddeln unterweist. Besonders beeindruckend sind die riesigen Bretter für das Stand-up-Paddling, sie sind 3,5 Meter lang, aber federleicht. Bei schlechtem Wetter kann man den 750 Quadratmeter großen Wellnessbereich nutzen mit einem Indoor-Pool, finnischer Sauna, Dampfbad und Biosauna. Gut geschulte Physiotherapeuten bieten wunderbare Elemente-Massagen zu den Themen Feuer, Wasser, Luft und Erde an, außerdem Sport- und Schwangerschaftsmassagen. Eine kleine Kosmetikabteilung rundet diesen Service ab, sie arbeitet ausschließlich mit reiner Naturkosmetik.

Aber auch kulinarisch hat das Resort einiges zu bieten. Im Clubrestaurant Nautica gibt es ein leckeres Frühstücksbüfett, mittags und abends wählt man à la carte Pizza, Pasta, Fleisch und Fisch oder die Halbpension mit abwechslungsreichen Büfetts. Wer einen ganz besonderen Abend genießen will, geht ins Strandrestaurant blaue boje. Auf der oberen Etage gibt es ausgezeichnete moderne Regionalküche und tolle Ausblicke. Man sieht die großen Fähren von Warnemünde nach Gedser schippern und einen herrlichen Sonnenuntergang. Unten lädt eine kleine Bar dann zu einem Absacker ein. Bei einem guten Glas Wein, Rostocker Pils oder den spritzigen Cocktails möchte man noch lange sitzen bleiben, auch wenn die Sonne längst fort ist. Das Meer rauscht so wunderbar und die quakenden Moorfrösche aus dem nahen Hütelmoor, die gehen auch noch nicht schlafen.

StrandResort Markgrafenheide, Budentannenweg 10, 18146 Rostock
www.strandresort-ostsee.de

ÖPNV: Fähre Rostock-Warnemünde–Hohe Düne, dann Bus 17, Haltestelle StrandResort

Bord de

Woll tau seihn

2 *Kirche mit Aussicht im Ostseebad Wustrow*

„Swante wosdrowe“, den Ort auf der heiligen Insel, so nannten die Slawen das heutige Ostseebad Wustrow, auf dem Fischland gelegen, an der schmalsten Stelle zwischen Bodden und Meer. Früher lebten hier mehr als 125 Seefahrerfamilien. Es gab mehrere Zuflüsse von der Ostsee in den Saaler Bodden, durch die sogar Klaus Störtebeker mit seinen Likedeelern geschippert sein soll. Später wurden die Zuflüsse geschlossen, und so entstand die große Halbinsel Fischland-Darß-Zingst. Zahlreiche Fischer- und Kapitänshäuser zeugen heute noch von der langen Seefahrertradition und auch der beliebte Seefahrergruß „Woll tau seihn“, was so viel bedeutet wie „Schön, dich wohlauf zu sehen“, hat sich erhalten. In der Zeit der Hansekoggen und Fischerboote bedeutete „Woll tau seihn“ auch, dass man wieder gesund daheim war, denn nicht wenige blieben draußen auf See. Damals war man gottesfürchtig, und der Kirchgang am Sonntag gehörte dazu. So spielte die Wustrower Kirche immer eine große Rolle. Nachdem die über 600 Jahre alte Feldsteinkirche zerfallen war, wurde 1873 eine neogotische Backsteinkirche mit einem kreuzförmigen Gewölbe erbaut, wie sie heute noch mit der maritimen Innenausstattung zu sehen ist. Das Altarbild stellt die Rettung des sinkenden Petrus dar. Innen hängen drei große Votivschiffe, die von Seefahrern gestiftet wurden, die Deo Gloria von 1860 und die Christiania von 1960. Schon in der alten Feldsteinkirche hing das Klippenschiff Hoffnung von 1855. Wahre Glücksgefühle stellen sich ein nach der Besteigung des Kirchturms. Nur 28 Stein- und 67 Holzstufen, dann hat man es geschafft. Der Turm hat einen freien Umgang, schon die Seefahrtsschüler der 1846 in Wustrow gegründeten Großherzoglichen Mecklenburgischen Navigationsschule lernten hier das Navigieren. Bei dem Rundumblick sieht man aufs Meer und auch den Saaler Bodden mit dem hübschen kleinen Hafen. Hier liegen Zeesboote mit ihren braunen Segeln vor Anker. Schön sind die Orgelkonzerte, und natürlich hat Wustrow auch einen Strand, nette Cafés und Fischrestaurants.

Kirche Wustrow, Hafenstraße 2, 18347 Wustrow
www.fischland-darss-zingst.de
ÖPNV: Ab Ribnitz-Damgarten Bus 210, Haltestelle Wustrow-Mitte

Fisch-
Räucherei

Wo die Gespenster wohnen

3 *Der Küstenwald von Nienhagen*

Voller Zauber ist das Nienhäger Holz in der Nähe des Ostseebades Nienhagen, ein etwa 100 Hektar großes Waldgebiet, das im Volksmund nur der Gespensterwald heißt. Märchen, Legenden und Geschichten ranken sich seit Jahrhunderten um diesen Ort, der durch die gespenstisch wirkenden Windflüchter unheimlich, aber auch wunderschön ist. Uralte Eichen, Eschen und vor allem Buchen wachsen direkt an der Steilküste. Ihre Äste biegen sich weg vom Meer, als wollten sie flüchten. Der feuchte und salzige Seewind hat sie verformt, so sehen sie aus wie unheimliche Gestalten. Wenn die Abendsonne scheint, glüht der Wald in Orange, Rosa und Ziegelrot, zieht seinen Betrachter magisch in die dunkle Tiefe. Da verwundert es nicht, dass hier schon einige Krimis gedreht wurden, auch Axel Prahl und Jan Josef Liefers vom Münsteraner Tatort waren hier schon auf Mörderjagd.

Direkt am Kliff haben sich die Bäume schon gelichtet, viele sind bereits dem Untergang geweiht. Das Meer verschlingt hier Stück für Stück das Land, eine eiszeitliche Ablagerung aus Geschiebemergel und Lehm. Diese Mischung quillt bei längerer Durchfeuchtung auf, und das Kliff verliert an Halt. So kommt es immer wieder zu Erdrutschen und Abbrüchen. Der Sand kippt ins Meer und wird fortgespült in Richtung Osten, landet später im Ostseebad Warnemünde an, weshalb es dort den breitesten Strand weit und breit gibt. Bei starkem Regen, Sturm oder Frost sollte man nicht unterhalb der Steilküste entlanggehen. Aber auch oben auf dem Hochuferweg gilt es, den nötigen Abstand zu den Kanten zu beachten. Ansonsten steht dem Wandern und Radfahren nichts im Wege, im Gegenteil, der schöne Ostseeradweg E9 führt direkt hier entlang. Wenn die Sonne über dem Gespensterwald aufgeht, leuchten die Bäume wie Gold und Silber, das ist ein beliebtes Fotomotiv und sicher ein Ort zum Verlieben. Auch am Abend zur blauen Stunde findet sich so manches Pärchen ein. Ein Sonnenuntergang am Gespensterwald garantiert auf jeden Fall die schönsten Hochzeitsfotos.

Gespensterwald Nienhagen, www.ostseebad-nienhagen.de

ÖPNV: Ab Rostock-Warnemünde Werft oder Bad Doberan Bahnhof Bus 119, Haltestelle Nienhagen Mitte

Meerfunke

4 *Das Bernsteinhaus in Rostock*

Schon als Kind liebte Silke das Leuchten und Funkeln der Bernsteine. Bereits mit zwölf Jahren fuhr sie mit den Eltern Sonja und Michael Herloff auf den Darß ans Meer. Auch auf Rügen und Usedom machten sie lange Spaziergänge und sammelten sporadisch Steine. Doch ein Tag in den 1980ern sollte alles schlagartig ändern. Es war der Besuch des Bernsteinmuseums in Ribnitz-Damgarten, der alle über die Maßen begeisterte. Für die Herloffs war es quasi die Initialzündung für eine lebenslange Passion. Zunächst schauten sie auf alten Landkarten nach Fund- und Lagerstätten, danach begann man mit der gezielten Suche am Strand. Diese Suche nach den „brennenden Steinen“ wurde bald zum großen Familienhobby und Silke Herloff teilte die Leidenschaft ihrer Eltern. Sie entwarf Ketten und Anhänger, erst für die Familie und Freunde, dann auch auf Bestellung. Die Wende 1990 machte eine Selbstständigkeit möglich, und 1992 kauften die Herloffs einen alten Fischkutter in Warnemünde am Alten Strom. Schnell war der Bernsteinkutter in aller Munde und ein Geheimtipp für exklusiven handgefertigten Unikatschmuck. 1996 eröffneten die Eltern das Bernsteinhaus in der östlichen Altstadt von Rostock. Der Vater gab an der Universität noch Kurse für Schmuckgestaltung, Malerei und Grafik, die Mutter nahm an Fortbildungskursen zur Schmuckgestaltung teil. Auch Bruder Robert gehörte zum Team. Silke studierte Kunstpädagogik, Germanistik und Kunstgeschichte und war als freischaffende Künstlerin im BBK. 2012 gingen die Eltern in Rente, 2017 wurde der Bernsteinkutter verkauft und 2018 übernahm Silke Herloff das Bernsteinhaus, welches mittlerweile zum Treffpunkt für viele Künstler wurde. Sehr intensiv hat Silke sich von Anfang an mit traditionellem Bernsteinschmuck beschäftigt und sich mit modernem Design einen Namen gemacht. Sie möchte dem kostbaren Stein eine edle Fassung geben und arbeitet viel mit Gold und Silber, verziert ihn mit Korallen oder Perlen. Am liebsten kombiniert sie Materialien aus dem Meer – Meerfunke heißt ihre Eigenmarke.

Meerfunke, Werkstattatelier im Bernsteinhaus, Wollenweberstraße 46, 18055 Rostock, Tel. (03 81) 4 90 03 70, www.bernsteinwerkstatt.de

ÖPNV: Ab Rostock Hauptbahnhof Tram 1, 4, 5, 6, Haltestelle Neuer Markt; Tram 2, 3, Haltestelle Stadthafen

Bernstein –
46

Schön flanieren

5 *Der Kurpark im Ostseebad Boltenhagen*

Angeblich soll im Jahr 1803 ein Herr Kegel-Westphal als Erster einen Badekarren an den Strand von Boltenhagen geschoben haben. Damit wäre Boltenhagen (nach Heiligendamm) das zweitälteste Ostseebad in Mecklenburg-Vorpommern, auf jeden Fall ist es aber das westlichste. Die Hamburger zählen es sogar schon zur Metropolregion. Aus dem kleinen Fischerdorf mit nicht mehr als zehn Häuschen sollte um 1830 schnell ein Badeort werden. Aber ging es nach dem Wismarer Pastor Meyer, der sich um dessen Entstehung Verdienste erworben hatte, sollte hier kein so mondäner Ort wie Putbus oder Heiligendamm entstehen. Nein, Boltenhagen möge vom Luxus verschont bleiben, „welcher das Leben wohl prächtiger und glänzender, aber damit nicht annehmlicher mache."

Recht hatte er, und Boltenhagen blieb bis heute eher ein ruhiges Seeheilbad, das vor allem einen Kurcharakter hat. Das Reizklima ist hervorragend gegen Atemwegserkrankungen. Zentrum und Treffpunkt ist der schöne Kurpark. Er wurde 2003, zum 200-jährigen Ortsjubiläum, neu gestaltet mit kleinen Wandelgängen, vielen Blumenbeeten, dem Konzertpavillon und der Trinkkurhalle samt Buchhandlung. Über 4000 Blumen werden hier jedes Jahr gepflanzt. In der Mitte zwischen weißen Bänken steht der hübsche Fisch-Springbrunnen. Dahinter findet man ein sehr beliebtes Fotomotiv: kleine, bunte Häuschen aus der Gründerzeit, wie das Haus Charlotte von 1925 und aus derselben Zeit das Restaurant Zur Seebrücke. Nach historischem Vorbild neu gebaut, wurde das Kurhaus im Jahr 2000, hier sind der Sitz der Tourist-Information und der Kur-Bibliothek. Besonders im Sommer ist das Flanieren auf der drei Kilometer langen Promenade sehr beliebt. Da sind viele süße Läden, Restaurants und Cafés wie das Pralinchen oder das Lindquist. Auf der anderen Seite des Kurparks kommt man zu der 1992 erbauten Seebrücke mit herrlichem Blick auf das Steilufer von Redewisch und dem schönen flachen Sandstrand davor. Im Sommer finden in der Kurmuschel täglich Konzerte statt.

Kurpark, entlang der Strandpromenade, 23946 Ostseebad Boltenhagen
www.boltenhagen.de
ÖPNV: Ab Wismar ZOB Bus 240, Haltestelle Boltenhagen Kurhaus

Café
Café Bistro

Über Baumwipfeln schweben

6 *Naturerbe Zentrum Rügen in Prora*

Zwischen dem Kleinen Jasmunder Bodden und der Prorer Wiek erstreckt sich die 1900 Hektar große Naturerbefläche Prora der Deutschen Bundesstiftung Umwelt. Schon von Weitem sieht man den großen Holzturm über die Bäume ragen. Er mutet an wie ein riesiges Adlernest und ist Teil des Baumwipfelpfades im Naturerbe Zentrum, ganz in der Nähe des Ostseebades Binz. Barrierefrei kann man die ganze Anlage erkunden, ob mit Kinderwagen oder Rollstuhl. Ganz langsam, mit einer Steigung von sechs Prozent, geht es auf die Höhe der Baumkronen. In diesem Fall sind es Buchen und Erlen. Überall gibt es lehrreiche Zwischenstationen, wo man Wissenswertes über die Bäume, aber auch die Tiere der Region erfährt. Wer mag, kann einige Parcours in luftiger Höhe meistern mit beweglichen Elementen wie schwebenden Balken. Muss man aber nicht, ein sicherer Weg führt immer daran vorbei. Den Höhepunkt bildet der 40 Meter hohe Adlerhorst. Hier geht es spiralförmig nach oben, gefühlte elf Etagen, 600 Meter sind es insgesamt. Ist man auf 82 Meter ü. NN angekommen, wird man fürstlich belohnt. Einen schöneren Ausblick hat man wohl auf der ganzen Insel nicht. Weit sieht man aufs Meer hinaus, da ist der Hafen Mukran, wo die Schwedenfähren nach Trelleborg ein- und auslaufen. Südöstlich erspäht man das Steilufer von Göhren, westlich die neue Rügenbrücke bei Stralsund. Überall der große Wald, dahinter der kleine Jasmunder Bodden. Wenn man Glück hat, steigen hier die Seeadler auf, gleiten auf Augenhöhe durch die Lüfte – ein großartiges Erlebnis zu jeder Jahreszeit. Gerade im Winter oder Frühjahr sieht man bei klarer Luft besonders weit. Wieder am Boden lohnt ein Besuch des dazugehörigen Ausstellungszentrums mit seinen modernen Wechsel- und Dauerausstellungen zur biologischen Vielfalt und Nachhaltigkeit. Gleich daneben befinden sich ein großer Spielplatz für die Kids und das Bio-Bistro Boomhus. Beachtenswert ist noch das ehemalige Forsthaus von 1836. Es ist dem Jagdschloss Granitz nachempfunden und heute Sitz der Verwaltung des Naturerbe Zentrums.

▸ Naturerbe Zentrum Rügen, Forsthaus Prora 1, 18609 Ostseebad Binz/OT Prora
www.nezr.de
▸ ÖPNV: RB bis Bahnhof Prora, ab Haltestelle Prora-Nord Bus 24, Haltestelle Prora-Baumwipfelpfad

Eiskalt glücklich

7 *Café Eis Himmel in Barth*

Die Leser der Ostseezeitung hatten sich entschieden: Das Café Eis Himmel in Barth war 2019 eines der beliebtesten Eiscafés von Mecklenburg-Vorpommern! Wolfgang Skorwider setzte sich unter 19 Konkurrenten in der Region Ribnitz-Damgarten durch. Das macht ihn und seine Familie stolz. Die Freude war groß, denn erst im März hatte er seine Eisdiele eröffnet. Allerdings hatte Wolfgang nicht unerhebliche Vorschusslorbeeren. Der gebürtige Magdeburger ist Deutscher Küchenmeister, hatte in Prag bereits eine prämierte Eisdiele und zog nun mit der gesamten Familie, den Söhnen Nick und Steve sowie seiner Frau Susanne, nach Barth. Die Eisdiele liegt im Erdgeschoss, ihre Wohnung darüber, ein Haus direkt am lebendigen Hafen. Hier legen die Schiffe zur großen Fahrt in die wunderschöne Vorpommersche Boddenlandschaft ab. Das Eis ist selbstverständlich aus eigener Herstellung mit vielen natürlichen Zutaten oder frischen Früchten der Saison. Vorbild ist die traditionelle italienische Eisherstellung. 24 Sorten Eis sind mindestens im Angebot, weiterhin Tiramisu und sehr guter Kaffee. Neben den Klassikern sind Vanille-Rhabarber, Schokolade mit Chili oder auch Lemon-Ingwer die Lieblinge seiner Kunden. Herrlich ist es, auf der großen Sonnenterrasse zu sitzen und aufs Wasser zu schauen.
Inzwischen arbeitet die ganze Familie im Laden. Man probiert gern gemeinsam neue Kreationen aus wie beispielsweise das Hundeeis: Viele Gäste lassen ihre Lieblinge vom eigenen Eis probieren, doch das ist sehr ungesund. Hunde haben eine natürliche Laktoseintoleranz, und Zucker schadet den Zähnen. So wurde das spezielle Hundeeis hergestellt, das inzwischen viele Kunden schätzen. Das kleine Städtchen Barth wird auch Vinetastadt genannt, irgendwo vor ihren Toren soll sie versunken sein, die geheimnisvolle Stadt Vineta. Weil die Bürger so reich und hochmütig waren, holte sie eine Sturmhochflut. Heute gibt man sich in Barth eher bescheiden und bodenständig. Mit einem leckeren Eis am Bodden sitzen und in die Sonne blinzeln, das ist doch schon ein Stück vom Glück.

TIPP 180 Stufen geht es in der St.-Marienkirche auf den Turm hinauf zu einem berauschenden Blick über die Boddenlandschaft.

Café Eis Himmel, Am Westhafen 18, 18356 Barth

ÖPNV: Ab Rostock Hauptbahnhof RE 9, Haltestelle Velgast, dann RB 25, Haltestelle Barth

ERDBEERE
SCHOKOLADE
HIMBEERE
KOKOSNUSS
MOKKA
Vanille
Rhabarber
Eis
Himmel

Bunte Bummelmeile

8 *Der Alte Strom in Rostock-Warnemünde*

Steigt man in Warnemünde aus dem Zug, gerät man sofort in einen Sog. Alle Menschen strömen Richtung Westmole, immer am Ufer des Alten Stroms entlang. Gern lässt man sich treiben, denn nichts ist schöner als ein Bummel auf dieser lebendigen Flaniermeile, die offiziell Am Strom heißt. Da gibt so viel zu sehen: die hübschen kleinen Geschäfte in der ersten Reihe, die man früher das Vörreeg nannte, die bunten Kapitäns- und Fischerhäuschen mit ihren herausgeputzten Vorgärten, Restaurants, Galerien oder Cafés. Schön sind auch die zahlreichen Boote: urige Fischkutter, prächtige Jachten oder stattliche Dampfer. Hier mündete einst die Warnow in die Ostsee und gab dem kleinen Fischerdorf seinen Namen: Warnemünde. Wer früher hier wohnte, war nicht reich, er fuhr zur See, lebte vom Fischfang oder von Lotsendiensten. Der Mündungsarm war einst die wichtigste Wasserstraße für die Rostocker Kaufleute. Um sich eine Vormachtstellung zu sichern, kauften sie 1323 das gesamte Fischerdorf – und bis heute ist Warnemünde ein Stadtteil von Rostock.
Erst als 1821 der Badebetrieb begann, kam das kleine Dörfchen zu mehr Wohlstand. Als der Verkehr zunahm, wurde der spätere Seekanal ausgebaut. Bis vor gut 20 Jahren gab es vom alten Strom noch einen Zufluss dorthin, doch mit dem Bau des modernen Fährterminals verschwand er. Jetzt endet der alte Strom in einer Sackgasse, wo die Warnemünder ihre kleinen Motorboote liegen haben. Hier finden auch die Drachenboot- und Waschzuberrennen während der Warnemünder Woche statt. Auf der Ostseite liegen die Kutter der Fischer, manche sind schon sehr alt und sehen recht kurios aus. Täglich ist hier Fischmarkt, wo der frische Fang vom Meer angeboten wird, aber auch Räucheraal, Salate oder Fischbrötchen. Dahinter kommt dann der Jachthafen. Von der Flaniermeile hat man den besten Blick auf alles. Wer mag, kann am Alten Strom auch zu einer Hafenrundfahrt starten. Alle anderen strömen Richtung Leuchtturm, dessen Besteigung sich auf jeden Fall lohnt, und weiter auf die Mole bis zum Leuchtfeuer.

Alter Strom, 18119 Rostock-Warnemünde
www.warnemuende.m-vp.de
ÖPNV: RB bis Rostock-Warnemünde Bahnhof, 5 Minuten Fußweg

OSTOCKER
CHEMNITZ

Die Welt der Meere erleben

9 *Das Ozeaneum in der Hansestadt Stralsund*

Es ist ein Museum der Superlative. Wie ein gigantisches Ufo liegt das Ozeaneum am Hafen der Hansestadt Stralsund und lädt die Besucher zu einer spannenden Reise durch die Meereswelten des Nordens ein. Vier Gebäudeteile aus weißem Schiffsstahl sind in der Mitte durch ein gläsernes Foyer verbunden. Tritt man ein, ist man sofort fasziniert. Mehr als 50 Aquarien zeigen das Unterwasserleben von Atlantik, Nord- und Ostsee. Los geht es mit den Gewässern direkt vor der Haustür, mit dem Aquarium Stralsunder Hafenbecken, weiter über die Boddengewässer bis vor die Küste der Insel Rügen. In 21 Aquarien sieht man vertraute Arten wie Hecht, Hering und Qualle, aber auch seltenere Fische wie die Schlangennadel. An die Ostsee schließt sich die Nordsee an. Hier kann man die Tiere des Wattenmeeres beobachten, mehr als 70 Fischarten leben dort. Sandgrundel, Scholle oder Flunder können sich perfekt tarnen und im Sand verstecken. Oft braucht es einige Zeit, ehe man sie in den Aquarien entdeckt. Die größte heimische Fischart sind die Störe, die im Flussmündungsbecken gezeigt werden. Der einzigen Felseninsel Deutschlands ist ein großes, sehr aufwendig gestaltetes Tunnelaquarium gewidmet. Durch den sogenannten Helgolandtunnel zu laufen, ist ein spannendes Abenteuer. Das größte Aquarium heißt Offener Atlantik und fasst 2,6 Millionen Liter Wasser. Es hat ein 50 Quadratmeter großes Panoramafenster und zeigt Schwarmfische, Ammenhaie und Rochen. Höhepunkt ist die größte Wal-Ausstellung der Welt mit dem Titel: „1:1 – Riesen der Meere". Sie wurde zusammen mit Greenpeace realisiert und zeigt nachgebaute Meeressäuger in Originalgröße. Wunderbar entspannen kann man bei einer Multimedia-Inszenierung mit Walgesängen, den Hunderte Kilometer weit reichenden Tönen des Blauwals, des Buckelwals oder den Klicks der Pottwale, anhand derer sie ihre Beute in bis zu 3000 Meter Tiefe aufspüren. Ganz aktuell befasst sich der Bereich „Erforschung und Nutzung der Meere" mit Themen wie Überfischung und Klimawandel. Ein Muss zum Abschluss ist der Besuch der Dachterrasse. Dort leben zehn niedliche Humboldt-Pinguine, und man hat einen schönen Ausblick auf die Altstadt.

Ozeaneum, Hafenstraße 11, 18439 Stralsund, Tel. (03 81) 2 65 06 10
www.ozeaneum.de
ÖPNV: Ab Stralsund Hauptbahnhof Bus 6 oder 7, Haltestelle Ozeaneum

Laut
Schiffsverkehr
Rammungen
Seismic
Geräusche
Explosionen
Schall
MEER
ozeaneum

Am Achterwasser

10 *Fisch- und Grillrestaurant Waterblick in Loddin*

Wer auf der Insel Usedom weilt, sollte unbedingt einmal das Fischrestaurant Waterblick in Loddin besuchen. Nicht nur wegen der hervorragenden Küche kommen die Besucher hierher, sondern auch wegen des schönen Ausblicks aufs Achterwasser mit den tollen Sonnenuntergängen. Das Restaurant liegt auf einem kleinen Berg, noch zur DDR-Zeit hatte Peter Noack dafür eine Baugenehmigung beantragt. Gebaut hat er zwischen den Wendewirren, erst mit Ost- und dann mit Westmark. Am 1. August 1990 eröffnete das Waterblick. Der Andrang war von Anfang an groß, für seine hervorragenden Fischgerichte wurde der Gastwirt schnell landesweit berühmt, und viele Promis kamen, so auch Johann Lafer und Kim Fischer. Der Fisch des Hauses wird frisch gefangen und kommt aus Ostsee oder Bodden. Eine Spezialität neben der Loddiner Bratfischpann ist sein Labskaus, der älteste Seemannsschmaus der Welt, hier nach einem Rezept der Marinekameradschaft Peenemünde zubereitet. Großes Lob verdienen auch die Desserts, das Vanilleeis mit Kürbiskernöl und gerösteten Kernen oder der Pommersche Espresso mit Eierlikör und Sahne, alles wird hier immer sehr hübsch angerichtet. Was viele nicht wissen: Peter Noack hat auch den nördlichsten Weinberg des Landes. Die Insel Usedom ist ja sehr sonnenreich, bis zu 1900 Sonnenstunden sind es pro Jahr. Hinter seinem Haus hat er 99 Rebstöcke gepflanzt, überwiegend sind es Cabernet Sauvignon und Chardonnay. Gekeltert und abgefüllt werden die Trauben dann von Nahe-Winzern. Rund 90 Flaschen erhält Peter Noack so pro Jahr, die er von Amts wegen allein trinken muss, es sei denn, ein Gast besteht darauf zu probieren. Peter Noack liebt nicht nur Wein, sondern auch Fußball. So ist es nicht verwunderlich, dass er eines Tages nach Südafrika reiste und bis heute eine Jugendfußballmannschaft aus den Townships in Somerset West unterstützt, nicht nur mit Fußballschuhen, sondern auch mit Schulmaterial. Weiterhin importiert er Wein von kleinen südafrikanischen Weingütern. Von jeder verkauften Flasche geht ein Euro wieder zurück an bedürftige Kinder vor Ort.

Fisch- und Grillrestaurant Waterblick, Am Mühlenberg 5, 17459 Loddin/Usedom, Tel. (03 83 75) 2 02 94, www.waterblick.de

ÖPNV: Ab Wolgast Bahnhof RB23, Haltestelle Loddin-Kölpinsee, 15 Minuten Fußweg

Schau durch die Linse

11 *Max Hünten Haus in Zingst*

Seit langer Zeit ist die Halbinsel Fischland-Darß-Zingst mit dem Nationalpark Vorpommersche-Boddenlandschaft ein Mekka für Fotofreunde. Die Windflüchter am Weststrand, Rothirsche auf Sandbänken oder der Kranichzug im Herbst, das sind Motive von unglaublicher Schönheit und Poesie. Bereits im Frühjahr 2008 startete das Umweltfotofestival Horizonte Zingst, das sich schnell zu einem beliebten Treffpunkt von Naturfotografen und -filmern aus der ganzen Welt entwickelte. Einmal jährlich gehört Zingst nun den leidenschaftlichen Menschen, die mit Kamera, Stativ und Teleobjektiv durch die Gegend streifen. Alle sind auf Fotopirsch. Da war es nur ein kleiner Schritt zu einem Zentrum für Fotografie. Mit dem Max Hünten Haus, auch kurz Max genannt, entstand ein moderner und innovativer Bau. Er wurde in nur sieben Monaten vom Architekturbüro Hass + Briese fertiggestellt. Die farbige Vorhangfassade mit den integrierten Leuchtstreifen symbolisiert liegende Buchrücken, weil sich hier auch die Zingster Bibliothek befindet. Der Namensgeber Max Hünten (1869–1936) war ein Maler und Fotograf, der Anfang der 1920er-Jahre von Düsseldorf nach Zingst übersiedelte und hier 1936 starb. Sein Vorbild war Alexander von Humboldt, er liebte Naturstudien und bereiste Japan, Indien und Amerika. Im Zingster Museum lagern neben seinen Gemälden auch 500 Glasplattennegative, die erst sehr spät in seinem Nachlass entdeckt wurden. Im Max kann nun jeder fotografieren lernen. Die Fotoschule Zingst hat 365 Tage im Jahr geöffnet. Namhafte Fotografen und Referenten unterrichten in allen Genres, von der Analog- bis zur Handy-Fotografie. Porträt, Akt oder Naturaufnahmen – für jeden ist etwas dabei. Wer schon weiß, wie es geht, kann Profikameras oder richtig große Teleobjektive aller bekannten Marken ausleihen. Das ist schon sehr beeindruckend. Im dazugehörigen Printstudio werden die Bilder dann sofort bearbeitet. Weiterhin gibt es hier die neusten Fotofachbücher oder Bildbände und noch eine Fotogalerie.

Max Hünten Haus Zingst, Schulstraße 3, 18374 Zingst, Tel. (03 82 32) 16 51 10
www.zingst.de

ÖPNV: Ab Rostock Hauptbahnhof RE9, Haltestelle Velgast, dann RB25, Haltestelle Barth, weiter mit Bus 210, Haltestelle Zingst Zentrum

MAX HÜNTEN HAUS ZINGST
OLYMPUS

Welterbe hautnah

12 *Die Frische Grube in Wismar*

Die Frische Grube ist eines der beliebtesten Fotomotive von Wismar und kommt sogar im Vorspann der Serie „SOKO Wismar“ vor. Es ist eine Straße in der Altstadt, welche beidseitig an einem künstlichen Wasserlauf, der Grube, entlangläuft. Bereits im Mittelalter führte die Grube vom Mühlenteich bis zum Hafenbecken. Heute ist diese Anlage die letzte ihrer Art in Norddeutschland. Die Frische Grube ist bestens geeignet für einen Spaziergang durch den historischen Teil von Wismar, der gemeinsam mit der Altstadt von Stralsund zum UNESCO-Welterbe zählt. Links und rechts stehen vorwiegend historische Bürgerhäuser aus dem 18. und 19. Jahrhundert. Am hinteren Ende sieht man die Alte Stadtmühle, noch mit einem Schornstein. Sie wurde 1856 als Dampfmühle erbaut und ist heute ein begehrtes Wohn- und Geschäftshaus. Ein Stück weiter führt die 1994 wieder errichtete ehemalige Schweinsbrücke über die Grube zum Schabbellhaus, dem Stadtgeschichtlichen Museum. Es wurde von 1569 bis 1571 für den Bürgermeister Hinrich Schabbell erbaut, Architekt war Philipp Brandin (1535–1594). Das Schabbellhaus zählt im Norden zu den prachtvollsten Backsteinbauten im Stil der niederländischen Renaissance. Gezeigt werden dort die Zeugnisse der 800-jährigen Geschichte von Wismar, angefangen bei der mittelalterlichen Stadtgründung bis hin zur friedlichen Revolution in der DDR. Mehrere Gebäude gehören zum Museumskomplex, diese sind alle vom Keller bis zum Dach vollständig zugänglich. Gegenüber, auf der nördlichen Seite der Grube, erhebt sich majestätisch die St.-Nikolaikirche, ein Meisterwerk der Spätgotik. Sie wurde von 1381 bis 1487 als Kirche der Seefahrer und Fischer erbaut und hat eine überaus reiche Innenausstattung mit mehreren mittelalterlichen Altären und sehr vielen Grabplatten. Entlang der Frischen Grube und auch in den Nebenstraßen gibt es einige nette Cafés und Lokale. Ein neuer Stern am Gastrohimmel ist das Restaurant von Christian Müller mit gleichem Namen. In seiner Frischen Grube bietet er junge, frische und regionale Küche in feinen Menüs am Abend und am Samstag.

Frische Grube, 23966 Wismar, www.wismar.de
www.frischegrube.de

ÖPNV: RB bis Wismar Bahnhof, 15 Minuten Fußweg

Maritime Geschichten

13 *Schiffbau- und Schifffahrtsmuseum Rostock*

Am Ufer der Warnow kann man sich einen Traum erfüllen und mal ein großes Schiff von innen sehen. Ein Ausflug ins Schifffahrtsmuseum Rostock ist auf jeden Fall ein Erlebnis. Die Dresden, jetzt Traditionsschiff Frieden, ist ein 10.000-Tonnen-Frachter. Sein Bauch beherbergt ein riesiges Museum der besonderen Art. Man kann nicht nur das Innenleben eines Schiffes mit Maschinenraum kennenlernen, sondern man erfährt auch alles über die Geschichte des Schiffbaus. Unter Deck sieht man die Anfänge mit Einbaum und den Gokstadschiffen der Wikinger. Von 1300 bis 1600 war Rostock ein sehr bedeutender Hafen im Ostseeraum. Typische Schiffe waren die Hansekoggen. Die Ausstellung zeigt den Niedergang der Hanse im 17. Jahrhundert und den industriellen Aufschwung im 19. Jahrhundert, erzählt von Rostocker Wasserflugzeugbau und von den ersten Dampfschiffen. Gezeigt wird die Werftengeschichte der DDR, aber auch das harte Leben der Hochseefischer zu dieser Zeit. Einzigartig ist das große Diorama der ehemaligen Neptunwerft Rostock, ein wirklich seltenes Zeitdokument. Weiter geht es mit der Geschichte der Passagierschifffahrt, der Fischereiflotte und der Handelsflotte der DDR. Eine Besonderheit ist außerdem Deutschlands größte Ausstellung zum Thema Seefunk. Am Ende werden die Offshore-Anlagen der Neuzeit gezeigt, die heute zum Teil in Warnemünde gebaut werden. In der Außenanlage sind noch mehr als 90 Großobjekte zu sehen. Prunkstück ist der Schwimmkran Langer Heinrich. Er wurde 1905 gebaut und hat eine Hubhöhe von 50 Metern. Von 1946 bis1978 stand er auf der Neptun Werft und galt damals als einer der größten Kräne der Welt. Der Lange Heinrich ist ein wichtiges Symbol für den Stolz der Rostocker Werftarbeiter. Sehenswert sind aber auch der Dampfschlepper Saturn, das Betonschiff Capella sowie das Hebeschiff 1. Mai. Gleich nebenan im ehemaligen IGA-Park lässt es sich nicht nur schön flanieren, sondern es gibt auch eine historische Schiffswerkstatt zu bestaunen sowie Reste der Kabelkrananlage der berühmten Warnemünder Warnow Werft.

Schifffahrtsmuseum Rostock, Schmarl Dorf 40, 18106 Rostock, Tel. (03 81) 12 83 13 64
www.schifffahrtsmuseum-rostock.de

ÖPNV: Ab S-Bahnhof Rostock-Lütten Klein Bus 31, Haltestelle Blockmacherring, 10 Minuten Fußweg

SATURN

Nomen est omen

14 *Das Café Glücklich in Wismar*

Hier ist der Name Programm: Katharina Glücklich hat mit ihrem Café Glücklich schon viele Gäste glücklich gemacht. In kurzer Zeit wurde es das Lieblingscafé vieler Wismeraner. Nahe des Schabbellhauses, dem Stadtgeschichtlichen Museum der Hansestadt, liegt es fast versteckt in einer kleinen Gasse. Viel Platz an der Straße gibt es nicht, und auch drinnen sind nur ein paar Tische, aber im Hof ist noch eine schöne, lauschige Terrasse. Bisher fand hier noch jeder ein Plätzchen. Kletterrosen umranken den Eingang, die historische Holzverkleidung im Innern ist weiß gestrichen, die Wände sind hellblau. Ein alter Kachelofen strahlt Gemütlichkeit aus, und überall sind farbenfrohe Kissen, alles ein bisschen im nordischen Stil. Für Kinder gibt es einen Extratisch mit Spielecke. Katharina Glücklich bäckt alles mit viel Leidenschaft. 2008 hat sie ihr Hobby zum Beruf gemacht. Die Qualität der Backwaren, das Ambiente und auch den sehr guten Kaffee – das lobten auch die Tester des „Feinschmeckers", in dem sie kürzlich sehr positiv erwähnt wurde. Morgens um neun geht es schon los mit ihren beliebten Frühstücksvariationen, ob herzhaft oder süß, vegetarisch oder fleischlich. Auf den hübschen Etageren ist alles sehr lecker angerichtet, Obst und Gemüse sind immer dabei. Auf Gesundes wird hier viel Wert gelegt, darum ist dienstags auch immer ein veganer Tag. Donnerstags kann man dann etwas zügelloser schlemmen, da ist der Waffeltag. Doch die Königsdisziplin sind Katharinas Kuchen und Torten. Sie heißen Meine Leidenschaft oder Himmlische Umarmung, Himbeertraum oder Aprikosentiramisu. Je nach Jahreszeit gibt es Johannis- oder Stachelbeer-, Pflaumen- oder Birnenkuchen. Der Walnussbaum im Hof liefert die Nüsse zum Herbstglück, einer Torte, die viele als genial bezeichnen. Zum Schluss kann man noch ein Gläschen selbst gemachter Erdbeermarmelade oder Weihnachtskekse mitnehmen, damit die Zeit ohne das Café Glücklich nicht zu lang wird.

Café Glücklich, Schweinsbrücke 7, 23966 Wismar, Tel. (0 38 41) 7 96 93 77

ÖPNV: RB bis Wismar Bahnhof, 5 Minuten Fußweg

POTT KAFFEE 3,10
KAFFEE SATT 3,10
CAPPUCCINO 2,70
LATTE MACCHIATO 3,-
MILCHKAFFEE 3,-
CAFFE LATTE 3,70
-LICH WILLKOMMEN
CHAI LATTE 3,-
DIENSTAG IST VEGANER TAG
DONNERSTAG IST WAFFELTAG
APPLE CRUMBLE 3,90
HERBE HIMBEERE 3,80
Glühwein 2,80
Küstenfeuer 4,10
Eisbrecher 4,40
Irish Coffee 4,40

Gin statt Gym

15 *Destille Männerhobby in Bentwisch-Klein Kussewitz*

Zwei Genießer saßen eines Abends zusammen und dachten nach. Viele Jahre hatten sie schon am Schreibtisch verbracht, sich mit E-Commerce und Online-Marketing beschäftigt, irgendwie zu lange, fanden sie. Die Männer wollten etwas Neues machen, etwas Handfestes, Männliches und irgendwas mit Leidenschaft. So kamen die Freunde Torsten Gebert und Martin Neumann auf die Idee mit dem Schnapsbrennen. Inzwischen ist ihre Firma Männerhobby in aller Munde, und sie haben in nicht mal drei Jahren schon über 60 Auszeichnungen abgeräumt. In ihrer Privatdestille und Brennerei verwenden sie vorwiegend regionale Produkte, keine künstlichen Aromen, keine Konservierungsmittel und Zusatzstoffe. Es gibt klassische Geiste, Gin, Kümmel oder Liköre. Der Renner ist der Foerster's Heide Gin, der neben Wacholder, Süßholz und Angelikawurzel auch die Nadeln der Küstentanne aus der nahen Rostocker Heide enthält. Dieser einzigartige Geschmack, fruchtig-frisch, harzig und würzig, hat dem Gin sogar eine Goldmedaille gebracht. Zwischen fünf und sechs Stunden dauert so ein Destillationsvorgang in der großen Brennblase. Die Liköre, einfach „Naschi" genannt, werden in alten Verfahren durch Mazeration und Ausziehen hergestellt. Es gibt Liköre von Schlehen, Pflaumen, Hagebutten, Haselnüssen oder Johannisbeeren. Über 20 Sorten, je nach Jahreszeit, werden in kleinen Serien mit frischen Zutaten hergestellt. Eher eine Zufallsentdeckung war der Zitronenlikör. Beim Destillieren des Kaland Kümmels wurden italienische Amalfi-Zitronen verwendet, allerdings nur die Schalen. Der Rest landete im Müll. Doch Nachhaltigkeit ist den Machern wichtig, Lebensmittel sollen nicht verschwendet werden. So wurde daraus der feine Zitronenlikör, der 2019 bei den World Liqueur Awards zum besten Fruchtlikör Deutschlands gewählt wurde. Er ist heute einer der Kundenlieblinge.

TIPP

Der Hofladen ist Montag bis Samstag geöffnet, donnerstags gibt es zwei Führungen.

Männerhobby, Siedlungsweg 4 b, 18184 Bentwisch-Klein Kussewitz, Tel. (03 82 02) 4 33 31
www.maennerhobby.eu

ÖPNV: Ab Rostock ZOB Bus 112, Haltestelle Bentwisch-Klein Kussewitz

KALAND
MANUFAKTUR
KUEMMEL
40% VOL
500 ML

Freundliche Fische

16 *Fischkopp Keramik in Bergen auf Rügen*

Längst sind sie Kult, die freundlichen Fische der Keramikerin Kati Rohde. Fährt man über die Insel Rügen sieht man sie öfter, an Fenstern, Türen und in Gärten. Blau-weiße, kugelrunde Keramikfische, die ein ansteckendes Lächeln haben. Es gibt sie zum Stellen, Stecken, als Sparbüchse oder als Windspiel. Ganz individuelle Aufhängungen mit Stahlseil und Haken machen es möglich, den kleinen Liebling individuell zu platzieren. Der freundliche Fisch, in Groß, Klein und Mittel, ist das ideale Souvenir von der Küste, und jeder ist ein Unikat. Er wird sogar bei 1265 Grad frostbeständig gebrannt. Fischkopp Keramik hat Kati Rohde ihre Manufaktur bezeichnenderweise genannt. Der Begriff Fischkopp ist hier sehr geläufig, denn so nennen sich die Einheimischen oft selbst, nicht nur, weil die meisten ihrer Vorfahren Fischer waren, sondern weil sie eher ein bisschen stur und wie die Fische nicht die Redseligsten sind. Im Jahr 2008 eröffnete die gelernte Keramikerin auf dem Klosterhof Bergen gleich hinter der Marienkirche ihre Schauwerkstatt. Sie fertigt nicht nur Fische an, sondern auch kunstvolles Geschirr, Teeschalen, Vasen oder Edelsteinschmuck. Den beschaulichen Laden mit vielen schönen Dingen betreibt sie gemeinsam mit ihrem Partner David Schulz. Seit langer Zeit beschäftigt sich Kati Rohde auch mit der Rakukeramik, ein besonderes Brennverfahren aus Japan. Dabei entsteht durch den Wechsel von hohen und niedrigen Temperaturen ein Muster mit Haarrissen, das Craquelé. Zweimal wird gebrannt, zunächst bei 900 °C, dem Sprühbrand, und dann bei 1000 °C, dem Glattbrand, wobei die Keramik leichte Risse bekommt. Die Kunst ist nun, das Stück nicht völlig auseinanderbrechen zu lassen. Noch glühend wird die Keramik mit einer langen Zange direkt aus dem Ofen geholt und in Holzspänen gewälzt, die sich entzünden. Der entstehende Kohlenstoff schwärzt die unglasierten Stellen und Risse. Wenn man Glück hat, erlebt man einen Rakubrand live in der Schauwerkstadt.

Fischkopp Keramik, Billrothstraße 20 c, 18528 Bergen auf Rügen, Tel. (0 38 38) 8 22 39 29 www.fischkopp-keramik.de

ÖPNV: Ab Stralsund Hauptbahnhof RE9, Haltestelle Bergen auf Rügen, 15 Minuten Fußweg

Blick über die Altstadt

17 *Die Petrikirche in der Hansestadt Rostock*

Die Altstadt rund um die Petrikirche ist der älteste und romantischste Stadtteil Rostocks. Die Spitze des 177 Meter hohen Kirchturms ist schon weithin sichtbar, viele Jahrhunderte diente sie den Seefahrern als Orientierung und noch heute findet man sie als Landmarke auf den Seekarten. Ihr Namensgeber war St. Petrus, der Patron der Fischer und Schiffer. Eine Holzkirche wurde hier schon 1252 in einer Urkunde erwähnt. Mitte des 14. Jahrhunderts erfolgte der Neubau einer dreischiffigen gotischen Pfeilerbasilika. Um 1500 kam dann der Turm dazu. Seit 1517 weilte der junge Reformator Joachim Slüter (1490–1532) in der Stadt und ab 1523 war er Kaplan in St. Petri. Wenn Slüter in der niederdeutschen Sprache predigte, war die Kirche brechend voll. Er starb zwar jung, aber eines natürlichen Todes. Sein Grab auf dem Petri-Kirchhof wurde in ein Denkmal umgewandelt, ein Baldachin mehrfach erneuert. In den britischen Bombennächten 1942 wurde auch St. Petri stark getroffen. 1958 begann man mit dem Wiederaufbau am Südschiff. Tausende Rostocker und Menschen aus aller Welt beteiligten sich mit Spenden. Der Rostocker Künstler Lothar Mannewitz entwarf im Jahr 1962 drei bemerkenswerte farbige Glasfenster für das Mittelschiff. Der Kirchfriedhof wurde zu einem modernen Park mit Skulpturen umgestaltet. Erst 1994 bekam St. Petri ihren Turm wieder. Mit einem Fahrstuhl kann man auf die Aussichtsplattform in 45 Meter Höhe fahren. Von hier hat man einen wundervollen Blick über die Rostocker Altstadt und die Warnow. Momentan sammelt die Gemeinde Spenden für zwei neue Glockenstühle, das ist ein Herzensprojekt von enormer Bedeutung. Die drei historischen Kirchglocken sollen wieder erklingen, darunter eine sehr wertvolle Bronzeglocke von Peter Matze aus dem Jahr 1548. Alle Glocken haben die Bombennächte des Zweiten Weltkriegs in der Marienkirche überlebt, inzwischen sind sie alle saniert. Die Hoffnung vieler Rostocker aber ist es, sie wieder vom Turm ihrer Heimatkirche zu hören.

Petrikirche, Alter Markt 1, 18055 Rostock
www.petrikirche-rostock.de
ÖPNV: Ab Rostock Hauptbahnhof Tram 2, 3, Haltestelle Stadthafen

Der Natur verbunden

18 *Darßer Arche – Nationalpark-Zentrum in Wieck*

Auf der Halbinsel Fischland-Darß-Zingst, in dem kleinen Dörfchen Wieck, liegt das Nationalpark-Zentrum Darßer Arche. Es hat sich zur Aufgabe gemacht, über die Schönheit, den Sinn und den Umweltgedanken des Nationalparks Vorpommersche Boddenlandschaft zu informieren. Teile der Inseln Rügen und Hiddensee, die Halbinsel Fischland-Darß-Zingst sowie die Vorpommersche Boddenküste zählen zum Nationalpark. Die einzigartige Landschaft lebt vom Wandel und ist ständig in Bewegung. Nirgendwo steht der Wald so dicht am Meer wie am Darßer Weststrand, Urgewalten entwurzeln hier die Bäume, tragen Stämme und Sand hinaus aufs Meer. Je nach Strömung landen sie wieder an, am Darßer Ort oder auf der Insel Hiddensee. Die Inseln und die kleinen Sandbänke verändern sich ständig. Doch das hält kapitale Rothirsche nicht ab, hier ihre Revierkämpfe auszutragen. Die Arche bietet im Herbst Exkursionen zu den Hirschkonzerten an, aber auch zu den Kranichen, die hier zu Abertausenden ihre Rastplätze haben. Das Informationszentrum ist ökologisch mit regionaltypischen Baustoffen errichtet, in Form eines Schiffes, es heizt mit Solarstrom. Weiterhin gibt es eine kontrollierte Lüftung mit vorgeschaltetem Erdwärmetauscher sowie eine Regenwassersammelanlage. Zum Ensemble gehört ein alter preußischer Schulbau aus rotem Backstein. Die Ausstellung auf 500 Quadratmetern ist wie ein begehbares Fotoalbum. Im Zentrum werden Filme zu Themen wie Wald, Küste, Schilf oder Bodden und Ostsee geboten. Sehr beeindruckende Luftaufnahmen zeigt der Film: „Die Vorpommersche Boddenlandschaft von oben“. Des Weiteren gibt es Sonderausstellungen zum Umweltschutz, zum Bernstein oder zu den Kranichen. Im Haus befinden sich auch eine Gästeinformation und Zimmervermittlung sowie die Galerie Künstlerdeck, wo Fotografien, Malerei und Keramik, Designermode und Unikatschmuck ausgestellt und angeboten werden. Die Arche veranstaltet neben Vorträgen auch Lesungen und Konzerte. Außerdem befindet sich hier das Bio-Café Fernblau mit seinen superleckeren Torten und einem kleinen Laden, in dem man nachhaltig produzierte Souvenirs findet.

Darßer Arche, Bliesenrader Weg 2, 18375 Wieck a. Darß
www.darsser-arche.de
ÖPNV: Ab Ribnitz-Damgarten West Bus 210, Haltestelle Wieck-West Bäderstraße

FERNBLAU

Die Zitrone des Nordens

19 *Der Sanddorn-Hofladen in Klütz-Wohlenberg*

Der Sanddorn gehört zur Ostsee wie Wellen und Wind. Die Frucht ist sehr gesund, enthält Vitamin B12 und zirka sechsmal so viel Vitamin C wie eine Zitrone. Sie wird deshalb auch die Zitrone des Nordens genannt. Anbau und Verarbeitung sind jedoch recht mühsam, darum sind wir glücklich, dass es Menschen wie Familie Pagels gibt, die sich damit beschäftigen. Der Sanddorn liebt es sandig und sonnig, deshalb kommt er ganz natürlich an der Ostseeküste vor. Der professionelle Anbau in Deutschland startete bereits in den 1970er-Jahren in Ludwigslust. Heute gibt es Plantagen in Brandenburg, Sachsen-Anhalt und Mecklenburg-Vorpommern. Für die Familie Pagels, Bärbel und Dr. Klaus-Ulrich sowie Sohn Niklot, war es zunächst ein Hobby. Im Spätsommer, als der Sanddorn direkt an der Steilküste vor ihrer Haustür reifte, zogen sie los und sammelten die Beeren von den Sträuchern. Anfangs entstanden daraus Säfte, Marmelade oder Sirup für den privaten Gebrauch der Familie. Doch das Interesse am Sanddorn wuchs weiter. Als Niklot schließlich Ökotrophologie in Kiel studierte, war er sogar Thema seiner Masterarbeit. 2001 pachtete die Familie bei Wismar zwei Hektar Land und pflanzte dort rund 2000 Sanddornsträucher. Nach dem Anbau braucht der Sanddorn gut sechs bis acht Jahre Anlaufzeit, bis die kleinen orangen Früchte dicht an dicht wachsen. Die Ernte ist wegen der spitzen Dornen nicht ungefährlich. Damit die Beeren sich leichter lösen, werden die Zweige bei 35 Grad unter null tiefgefroren. Nach gründlicher Reinigung beginnt die Verarbeitung zu Saft, Likör, Wein, Marmelade oder Fruchtaufstrichen. Neben dem Vertrieb auf Märkten und dem Internet-Shop betreibt die Familie einen schönen Hofladen in Wohlenberg. Es ist erstaunlich, was man da alles findet, sogar Sanddornseifen und Naturkosmetik gibt es. Beliebt bei Fahrradtouristen, die auf dem Ostseeradweg direkt am Hofladen vorbeikommen, sind auch die eisgekühlten Sanddorn-, Erdbeer- oder Mango-Shakes.

Wohlenberger Sanddorn Hofladen, An der Chaussee 15, 23948 Klütz-Wohlenberg, Tel. (03 88 25) 2 92 55, www.sanddorn-hofladen.de

ÖPNV: Ab Wismar ZOB Bus 240, Haltestelle Klütz-Wohlenberg

Sanddorn-Saft

Fritz fischt frische Fische

20 *Das Fischerdorf Freest*

Das alte Fischerdörfchen Freest, nördlich von Wolgast, liegt direkt am Peenestrom. Hier ist derzeit der größte Fischereihafen an der deutschen Ostseeküste. Die kleinen, gelben Fischerbuden stehen dicht an dicht um das Hafenbecken. 26 Fischer zählt die Fischereigenossenschaft. Jeder fünfte Fisch, der in Mecklenburg-Vorpommern gefangen wird, geht hier an Land. Interessant anzuschauen sind die verschiedenen Kutter, 54 liegen hier vor Anker, mit Längen von 4,5 bis 17 Metern. Früh geht es zum Fischen hinaus, und wer mag, kann mitfahren. Gefangen wird, was gerade Saison hat: im Januar, Februar der Hering, im April der Hornfisch, im Mai Steinbutt, Flunder und Dorsch. Außerdem gibt es noch Zander, Hecht, Barsch und natürlich Aal. Ein geräucherter Aal war in der DDR ein begehrtes Zahlungsmittel, dafür bekam man schon mal ein paar Westjeans oder Autoersatzteile. Heute gibt es da keine Engpässe mehr, die Genossenschaft hat fünf eigene Räucheröfen, die sieben Tage die Woche in Betrieb sind. Daneben gibt es einen großen Fischladen mit täglich frischem Fisch, Gebackenem, Salaten und Feinkost. Doch Vorsicht, nicht der größte und dickste Aal schmeckt auch am besten. Je dicker ein Aal ist, desto älter und fettiger ist er auch. Leckere Fischgerichte gibt es auch in der Hafentaverne sowie An der Waterkant, ein Fischrestaurant, das schon in vierter Generation betrieben wird. Danach lohnt ein Spaziergang zum nahen Badestrand oder ins Heimatmuseum. Dort kann man etwas über die seltenen Freester Fischerteppiche erfahren. Seit 1928 werden sie hier in der Gegend gewebt. Das Handwerk wurde aus der Not geboren, damals gab es wegen des geringen Fischbestands eine dreijährige Fangpause. Ein Stadtrat kam auf die Idee, den Fischern, die ja schon geschickt im Netzeflicken waren, das Weben beizubringen. Die Teppiche waren aus Schafwolle und dicht gewebt wie Orientteppiche. Sie hatten maritime Muster: Anker, Schiffe und Segel. Später waren es vor allem die Frauen, die sich mit den begehrten Teppichen etwas dazuverdienten.

Fischereigenossenschaft Freest, Dorfstraße 29, 17440 Kröslin/Freest, www.fischerei-freest.de

ÖPNV: Ab Züssow Bahnhof RB 23, Haltestelle Wolgast Bahnhof, dann Bus 274, Haltestelle Freest Hafen

Seeadler
Freest

Signalfeuer

21 *Leuchtturm Buk in Bastorf*

55 Stufen sind es nur zum Glück! Auf den ersten Blick ist der Leuchtturm Buk nicht hoch, nur knapp 21 Meter, aber er ist trotzdem der höchstgelegene in Deutschland, weil er auf dem Bastorfer Signalberg steht. Der ist mit 78,8 Metern der höchste Berg der Kühlung, Resultat der westlichen Endmoräne und nicht weit entfernt vom Ostseebad Kühlungsborn. Während es auf der bequemen Steintreppe in Runden immer höher geht, sind die letzten zwölf Stufen einer Eisentreppe recht steil und schmal. Aber man schafft es dann doch, selbst mit einem gewissen Körperumfang. Hat man diese kritische Stelle erst einmal überwunden, bietet sich von der Galerie rund um den Turm ein grandioser Ausblick. Kühlungsborn und dahinter das Meer sind klar zu erkennen, östlich davon sieht man Rostock, ganz deutlich das Hotel Neptun und die Warnemünder Werft. Westlich liegen Rerik, die Insel Poel und Wismar. 1878 wurde der Leuchtturm nach 1,5 Jahren Bauzeit zum ersten Mal in Betrieb genommen. Vorher war es immer wieder zu Seeunglücken gekommen. Schuld daran waren einige Sandbänke wie der Hannibal vor der Wismarer Bucht. 1912 hatte der Leuchtturm dann als einer der ersten elektrisches Licht. Gleich daneben schloss sich früher noch das Haus des Leuchtturmwärters an, der letzte wohnte noch bis zum Jahr 1979 dort, danach wurde das Leuchtfeuer voll automatisiert. Der Leuchtturm war bis 1960 ein beliebtes Ausflugsziel, doch mit dem Mauerbau änderte sich das. Er war nunmehr ein militärisches Objekt. Man wollte vor allem verhindern, dass die Leute die Grenztruppen in Kühlungsborn und den Grenzverlauf beobachteten. Nach der Wende wurde das Gelände ausgebaut und ist seit 1999 wieder für alle zugänglich, sogar ganzjährig, natürlich abhängig vom Wetter. Alle 45 Sekunden leuchten vier Blitze auf, die Leuchtstärke beträgt bis zu 25,5 Seemeilen. Doch nicht nur die tolle Aussicht ist bei den Besuchern beliebt. Gleich nebenan im Café Valentin gibt es die besten Torten weit und breit, die hauseigene Konditorei wurde schon mehrfach prämiert.

Leuchtturm Buk, Jägerberg, Zum Leuchtturm, 18230 Bastorf
www.leuchtturm-bastorf.de, www.valentins-cafe.de
ÖPNV: Ab Rostock ZOB Bus 121, Haltestelle Bastorf

Macht & Pracht

22 *Die Marienkirche in Rostock*

Sie überragt alles ringsum und ist ein Meisterwerk der Backsteingotik: die evangelisch-lutherische Marienkirche. Erstmals erwähnt wurde eine Pfarrkirche schon 1232. Wahrscheinlich handelte es sich um eine frühgotische Holzkirche. Die wohlhabenden Kaufleute jedoch wollten einen repräsentativeren Bau, um Reichtum und Macht zu demonstrieren. Doch das gestaltete sich schwierig. 1290 begann man mit der Errichtung einer dreischiffigen Basilika, die Bauzeit insgesamt dauerte über 200 Jahre. Das Quer- und das Langschiff sind gleich hoch und gleich lang. Der Kirchturm hat eine Höhe von 86,32 Metern.

Besonders sehenswert ist die prächtige Innenausstattung. Das älteste Stück ist ein bronzener Taufkessel aus dem 13. Jahrhundert, sehr beeindruckend sind auch die mächtige Orgel von 1770 und die Fürstenempore im Westschiff der Kirche. Letztere wurde 1750 unter Herzog Christian Ludwig II. (1683–1756) gebaut. Darunter befinden sich das Professoren- und Ratsgestühl. Im Zweiten Weltkrieg bombardierte man Rostock stark, ein Gemälde von Egon Tschirch zeigt „Die zerstörte Stadt“. Man sieht, dass in der Rostocker Altstadt kein Haus heil blieb, nur die Marienkirche thront über allem, als ob sie wache. Als einzige der vier großen Kirchen wurde sie gerettet. Zu verdanken ist das dem Kirchendiener Friedrich Bombowski und seiner Tochter Ursula, die unter Lebensgefahr immer wieder löschten. Am 26. April und 2. Oktober 1942 sowie am 27. Februar 1944 wurde die Kirche von Brandbomben getroffen. Jedes Mal war es ein Kampf um Leben und Tod. Ursula starb später an den Folgen einer Rauchvergiftung. Eine astronomische Uhr aus dem Jahr 1472, den größten Schatz, hatte man schon 1943 eingemauert. Sie überstand alles unbeschadet und ist heute die älteste noch funktionierende astronomische Uhr der Welt. Insgesamt ist sie elf Meter hoch und überaus reich verziert. In der oberen Hälfte befindet sich die Hauptuhr mit dem Stundenring, dem Tierkreisring und dem Figurenring mit Monatsbildern. Täglich um zwölf und 24 Uhr bewegen sich die Figuren. Unten ist die große Kalenderscheibe.

Marienkirche Rostock, Bei der Marienkirche 2, 18055 Rostock
www.marienkirche-rostock.de
ÖPNV: Ab Rostock Hauptbahnhof Tram 1, 2, 5, 6, Haltestelle Neuer Markt

Heiligengeisthof
Stadthafen

Möge die Macht mit Euch sein

23 *Outpost One-Ausstellung in Dassow*

In Dassow, am westlichsten Rand von Mecklenburg-Vorpommern, befindet sich die größte Star-Wars-Fan-Ausstellung der Welt, die Outpost One. 2005 zog es Kirstin und Marc Langrock aus Hamburg in diese Gegend. Grund war vor allem Platzmangel, denn seit seinem achten Lebensjahr sammelt der heute 48-jährige Rechtsanwalt Star-Wars-Exponate. Er war quasi Fan der ersten Stunde. Als 1978 die Episode IV als „Krieg der Sterne" in die westdeutschen Kinos kam, verbot der Vater dem Achtjährigen den Film. Aber Marc ließ sich nicht erschüttern, fragte Menschen auf der Straße: „Haben Sie mal 'ne Mark?" Als die Leute fragten: „Wozu brauchst du denn das Geld, Junge?", sagte er wahrheitsgemäß: „Ich möchte mal ins Kino gehen!" Die meisten fragten nicht nach dem Film und so wurden es doch einige Kinobesuche. Mit den Jahren wurde Star Wars zum Familienhobby und die Fanartikel füllten die Wohnung. 2016 wurde den Langrocks ein fünf Meter hohes Raumschiff, ein TIE Interceptor, angeboten. Da erwachte die Ausstellungsidee. In Dassow fand sich ein ehemaliges Getreidelager als idealer Ort dafür. Auf 1300 Quadratmetern sind jetzt 30 nachgebaute Sets der Kultfilmserie zu sehen, Szenen aus der Original-Trilogie aus den Jahren 1977, 1980 und 1983. Am Eingang grüßt schon Darth Vader, dahinter sieht man Tatooine, den Wüstenplaneten. Ein riesiges Wolltier mit Hörnern, der Bantha, wohnt dort und kleine Kobolde mit Zipfelmützen, die nicht ungefährlich sind. Mit viel Liebe zum Detail sind die einzelnen Sets entstanden, es ist ein Gemeinschaftsprojekt vieler Fans. Das Teuerste sind wohl die Köpfe der Figuren. Manche hat Marc Langrock in den USA bauen lassen, bis zu 10.000 € kostet einer. Han Solo alias Harrison Ford ist gut zu erkennen, auch Chewbacca, Leia und Luke, sogar Yoda. Den Roboter R2-D2 hat Marc Langrock selbst nachgebaut. Für ihn ist das inzwischen auch Entspannung, mal den Kopf frei pusten bei seinem anstrengenden Job als Anwalt. Die Besucher werden in Gruppen von geschulten Guides begleitet, nicht mehr als zehn Personen alle halbe Stunde. Jeder soll Zeit haben, die Ausstellung in Ruhe zu erleben.

Outpost One, Travemünder Weg 20, 23942 Dassow
www.outpost-one.de
ÖPNV: Ab Schönberg Bus 390, Haltestelle Dassow Lübecker Straße, 10 Minuten Fußweg

Weiße Villen am Strand

24 *Bäderarchitektur in Binz auf Rügen*

Kaum ein Ostseebad in Deutschland hat einen so gut erhaltenen, historischen Ortskern wie Binz. Hier sieht man die ganze Pracht der Bäderarchitektur des 19. und 20. Jahrhunderts. Villen, Logierhäuser und Hotels so weiß wie die Kreidefelsen von Rügen. Während man sich andernorts der neuen Sachlichkeit zuwandte, passierte hier das Gegenteil. Türmchen, Erker und verspielte Balkone schmücken die Gebäude, als hätte man sich mit Verzierungen überbieten wollen. 1780 kaufte Fürst Malte zu Putbus das kleine Fischerdorf, 1825 standen dort die ersten herrschaftlichen Badekarren. Keine 40 Jahre später wurde das erste Hotel gebaut, und weitere 15 Jahre danach hatte Binz schon 7000 Sommergäste. Während der Gründerzeit kam es zu einem regelrechten Bauboom, alle namhaften deutschen Bankiers und Industriellen wollten nach Binz. Die älteste erhaltene Villa ist das Haus Undine an der Strandpromenade 30, es hat eine untypisch violette Farbe und wurde 1885 gebaut. Gleich daneben steht die Villa Ruscha, 1896 im Schweizer Chaletstil gebaut. Ein wahres Prachtstück ist das mächtige Kurhaus aus dem Jahr 1908 mit seinen großen Holztürmen, heute ein Travel Charme Hotel. Während der Nazizeit wurden viele jüdische Hausbesitzer enteignet, oder sie mussten ihre Hotels und Villen zwangsweise verkaufen, das betraf auch das ehemalige Kurhaus. Ab 1950 war Binz Haupterholungsort der Wismut, einer sowjetisch-deutsche Aktiengesellschaft, die in der DDR Uran abbaute. Um noch mehr Ferienunterkünfte für Arbeiter aus den Betrieben zu schaffen, fand 1953 auf der gesamten Insel Rügen die „Aktion Rose“ statt. Über 400 private Hotels und Pensionen wurden unter dem Vorwand zum „Schutz des Volkseigentums“ enteignet. Nach der Wende war der Weg zur Reprivatisierung nicht einfach und wahrscheinlich auch nicht immer gerecht. Dennoch können wir uns heute an den wunderschön sanierten Häusern erfreuen. Zahlreiche neue Hotels, Restaurants und Cafés sind entstanden, 2016 wurde die Promenade bis nach Prora verlängert. Und jedes Jahr im Mai feiert man traditionell die Woche der Bäderarchitektur.

Binz, www.ostseebad-binz.de

ÖPNV: RB bis Bergen auf Rügen, dann Bus 20 oder 22, Haltestelle Binz Ortsmitte

Schillerstraße

25 *Die Gorch Fock I in Stralsund*

Einmal mit einem Großsegler in See stechen, das ist für viele Menschen ein großer Traum. Wenn es nicht gleich mit diesem Wunsch klappt, kann man in Stralsund am Hafen schon mal vorfühlen und einen Traditionssegler von innen besichtigen. Die Gorch Fock I, die hier vor Anker liegt, hat schon viel erlebt. Sie wurde 1933 in der Hamburger Werft Blohm + Voss innerhalb von 100 Tagen gebaut und kurz darauf zur Ausbildung des Offiziersnachwuchses als Segelschulschiff in Stralsund stationiert. Während des Krieges kam der Unterricht zum Erliegen. Noch in den letzten Kriegstagen, am 30. April 1945, wurde das Schiff von einem Sprengkommando im Strelasund versenkt. Zwei Jahre später ordnete die sowjetische Militäradministration (SMAD) die Hebung der Bark an. Sie wurde in den Jahren 1948 bis 1950 in Rostock und Wismar saniert und bekam 1951 den russischen Namen Towarischtsch, was so viel wie Kamerad bedeutet. Als Reparationsleistung wurde das Schiff konfisziert und in den ukrainischen Hafen Cherson verlegt, der damals noch zur Sowjetunion gehörte. Von hier aus bereiste die Towarischtsch als Ausbildungsschiff die Weltmeere. Nach dem Zusammenbruch der Sowjetunion gehörte das Schiff zur Ukraine. Mit der Zeit wurde es immer reparaturbedürftiger. Am 3. September 1999 machte es in Wilhelmshaven fest. Nach einigen vergeblichen Versuchen, einen neuen Eigner für die Sanierung zu finden, erwarb der Verein „Tall-Ship Friends" die Bark und transportiert sie mit einem Dockschiff nach Stralsund in ihren einstigen Heimathafen. Unter großer Anteilnahme der Bevölkerung erfolgte am 29. Oktober 2003 die Taufe auf den Namen Gorch Fock I, weil es inzwischen die Gorch Fock II gab. Ein Jahr später wurde die Bark als Schiffsmuseum eröffnet. Gäste können die Offiziersmesse, die Mannschaftsunterkünfte und den Kartenraum besichtigen oder eine Knotenschule besuchen. Beliebt sind auch die Trauungen im Kapitänssalon. Die Stadt Stralsund hat beschlossen, das Schiff zu kaufen, um es wieder seetüchtig zu machen.

Gorch Fock I, Segelschulschiff, An der Fährbrücke, 18439 Stralsund, Tel. (0 38 31) 66 65 20
www.gorchfock1.de

ÖPNV: Ab Stralsund Hauptbahnhof Bus 6, Haltestelle Hafen

Gorch
Fock I

Holländisches Flair

26 *Das Fischerdorf Wieck in Greifswald*

Wieck, ein Ortsteil von Greifswald, ist eines der ältesten Fischerdörfer Norddeutschlands und steht komplett unter Denkmalschutz. Als Ausflugsziel belegt Wieck einen der vorderen Plätze in Mecklenburg-Vorpommern. 1248 wurde es als Wico ante claustrum das erste Mal als Besitz des Klosters Eldena erwähnt. Das Dorf ist durch die Mündung des Flusses Ryck geteilt in Wieck und Eldena. Einst siedelten hier Seeleute und Fischer, es gab einen Frachtschiff-, Fischer- und Seglerhafen. Die kleinen reetgedeckten Häuschen sind zum Großteil mehr als 100 Jahre alt und sehr hübsch anzuschauen. In der Mitte des Dorfes steht die Bugenhagenkirche, benannt nach dem pommerschen Reformer Johannes Bugenhagen (1485–1558). Heute gibt es nur noch wenige Fischer, die aber noch täglich direkt im Hafen frischen und geräucherten Fisch anbieten.
Das Wahrzeichen von Wieck ist eine hölzerne Klappbrücke. Sie wurde 1887 nach holländischem Vorbild von der Greifswalder Werft August Spruth gebaut. Vorher fuhr eine Fähre über den Ryck. Einige Schiffe wurden bis nach Greifswald von Pferden getreidelt, so das preußische Postschiff, das regelmäßig aus dem schwedischen Ystad kam. Dieser ehemalige Treidelpfad ist fünf Kilometer lang und heute ein beliebter Radweg. Alternativ geht es dreimal täglich mit der MS Stubnitz vom Greifswalder Museumshafen nach Wieck. Im Sommer wird die Brücke in der Zeit zwischen neun und 20 Uhr stündlich geöffnet und zwar immer noch per Kurbel. Große und kleine Boote warten dann schon auf die Durchfahrt. Autos dürfen nur mit Sondergenehmigung passieren. Seit 1954 hat das Segelschulschiff Greif seinen Heimathafen in Wieck. Es ist jährlich das Flaggschiff bei der Gaffelrigg, einem großen Fischerfest mit vielen Traditionsseglern. Die Qual der Wahl hat man unter vielen Fischrestaurants: das geht vom gehobenen Büttners über das moderne Pier 19 an der Spitze der Promenade bis zur beliebten Fischer-Hütte an der Klappbrücke. Schiffe schauen, Eis essen oder einfach bummeln, alles prima.

Fischerdorf und Hafen Wieck, 17493 Greifswald-Wieck
www.greifswald.info
ÖPNV: Ab Greifswald ZOB Bus 2, Haltestelle Wieck-Brücke

Vögel des Glücks

27 *NABU Kranich-Zentrum Groß Mohrdorf*

Der Kranich ist einer der schönsten und faszinierendsten Vögel der Welt. Er steht für die Erhabenheit der Natur, für Weisheit und ein langes Leben. In vielen Kulturen nennt man ihn den Vogel des Glücks. Kraniche können bis zu 1,30 Meter groß werden und eine Flügelspannweite von über zwei Meter haben. Dank des engmaschigen Kranichschutzes in Deutschland ist der Vogel nicht vom Aussterben bedroht. Mehr als 150.000 Tiere machen hierzulande Rast auf ihrer 4000 Kilometer langen Reise zwischen Skandinavien und Spanien. Ein wahres Kranichparadies ist der Nationalpark Vorpommersche Boddenlandschaft mit der Darß-Zingster Boddenkette, einer von 30 Hotspots zur Beobachtung von Kranichen in Deutschland. In der artenreichen Moor- und Sumpflandschaft, an flachen Ufern und hinter dichtem Schilf findet der Vogel ein ideales Revier.

Am Günzer See zwischen Stralsund und Barth hat der Kranichschutz Deutschland ein 92 Hektar großes Areal erworben, um einen ungestörten Rückzugsraum für brütende und rastende Vögel zu schaffen. Für Besucher lohnen sich zwei interessante Anlaufstellen: das Kranich-Informationszentrum Groß Mohrdorf und vier Kilometer südlich das KRANORAMA, eine barrierefreie Beobachtungsstation, an der man auch Ferngläser ausleihen kann. Es lohnt sich auf jeden Fall, eine Führung mit einem sachkundigen Ranger zu unternehmen. In Groß Mohrdorf gibt es kompakte Wissensvermittlung mit Multimediashow, Exponaten und geführten Exkursionen. Den bezaubernden Tanz der Kraniche, ihr Balzritual, erlebt man zwischen März und April. Länger bleiben die Vögel dann im Herbst, schon von Ende August bis Anfang November erschallt ihr lautes Trompeten. Sie sammeln hier ihre Kräfte für die lange Reise, stärken sich auf den umliegenden Feldern. Um die Landwirte nicht zu verärgern, füttert der Kranichschutz gezielt dazu. Bis zu 2000 Kilometer am Stück kann ein Kranich fliegen, und das bei einer Durchschnittsgeschwindigkeit von 50 bis 70 km/h! Die meisten machen jedoch öfter Rast. Diese wunderbaren Tiere verzaubern einfach jeden!

Kranich-Informationszentrum Groß Mohrdorf, Lindenstraße 27, 18445 Groß-Mohrdorf
www.nationalpark-vorpommersche-boddenlandschaft.de, www.kraniche.de
ÖPNV: Ab Stralsund Hauptbahnhof Bus 304, Haltestelle Groß Mohrdorf

Kranichschutz Deutschland
NABU-
Kranichzentrum
Bitte klingeln Sie
Öffnungszeiten
NABU
LUFTHANSA GROUP
EINE NACHT UNTER
KRANICHEN
Öffnungszeiten:
Montag bis Donnerstag
9:00 Uhr - 14:30 Uhr
Kontakt:
0173 - 3101152
EINE NATURFOTO-AUSSTELLUNG VON KNUT FISCHER

Gesammelte Bilderflut

28 *Das Kunstmuseum im Ostseebad Ahrenshoop*

Das Ostseebad Ahrenshoop war einst ein winziges Fischerdorf. Lieblich anzuschauen waren die niedrigen Häuschen mit den hohen reetgedeckten Dächern, dazwischen bizarre Kiefern, die sich im Wind bogen, und gleich dahinter das tobende Meer. Das sind Motive, die Künstler bis heute faszinieren und anziehen. 1892 gründete der Maler Paul Müller-Kaempff (1861–1941) die Künstlerkolonie Ahrenshoop, kurz danach die Malschule St. Lucas und baute ein Wohnhaus, in dem noch heute Stipendiaten wohnen. Da er seine Begeisterung in die Welt hinausposaunte, folgten ihm bald prominente Künstler wie der Brücke-Maler Erich Heckel (1883–1970) oder die Schriftstellerin Käthe Miethe (1893–1961). Eine Reihe von Malern gab sich hier ein Stelldichein. Ihrem Schaffen ist das neue Kunstmuseum in Ahrenshoop gewidmet. 2013 eröffnete der futuristische Museumsbau der Staab-Architekten aus Berlin. Äußerlich soll an die Geometrie der regionalen Häuser erinnert werden. Dächer und Wände sind nahtlos mit einer strukturierten Messingfassade überzogen, die wie Reet ebenfalls mit der Zeit nachdunkelt. Im Innern der beiden Häuser gibt es nur einen einzigen großen Raum, der von oben Licht erhält. Es ist ein privates Museum, das durch eine Stiftung und einen Förderkreis betrieben wird. Gezeigt werden derzeit über 800 Gemälde, Grafiken und Skulpturen. Die hauseigene Sammlung umfasst vor allem Werke der Gründergeneration der Künstlerkolonie, Werke der Klassischen Moderne, aber auch von vorwiegend kritischen DDR-Künstlern. Werke namhafter Künstler wie César Klein, Karl Hofer, Anna Gerresheim oder Elisabeth von Eicken sind zu sehen. Im zweiten Gebäude werden wechselnde Ausstellungen gezeigt. Neben Vorträgen, Filmen und Führungen gibt es auch ein großes Mitmachangebot für Kinder. Im Sommer werden die Besucher auch mit bemerkenswerten Konzerten im idyllischen Galeriegarten unterhalten. Ahrenshoop ist voller Künstler- oder Keramikateliers, ein wahres Mekka für Kunstfreunde und die, die es werden wollen.

TIPP Ein Muss für Kunstliebhaber ist der Kunstkaten, 1909 als erste Galerie in Ahrenshoop eröffnet. www.ostseebad-ahrenshoop.de/kunstkaten

Kunstmuseum Ahrenshoop, Weg zum Hohen Ufer 36, 18347 Ostseebad Ahrenshoop, Tel. (03 82 20) 6 67 90, 18347, www.kunstmuseum-ahrenshoop.de

ÖPNV: Ab Ribnitz-Damgarten West Bus 210, Haltestelle Ahrenshoop Mitte

Zu heiß?
Cool bleiben!
Wir sind
klimatisiert.

Auf dem söten Länneken

29 *Leuchtfeuer Dornbusch bei Kloster auf Hiddensee*

König Hedin von Norwegen soll auf diesem Eiland einst um eine Frau gekämpft haben, darum nannte man es später Hedins Insel, „Hedinsey", die Dänen sagten „Hedins Oe". Den heutigen Namen Hiddensee gab es erst relativ spät, seit Anfang des 20. Jahrhunderts. Schon früh beliebt war die noch heute autofreie Insel bei Schauspielern, Malern, Dichtern und Musikern. So zog es die Balletttänzerin Gret Palucca, die Schriftsteller Joachim Ringelnatz, Gerhart Hauptmann oder Thomas Mann hierher, später auch die Punkband Feeling B mit Frontmann Aljoscha Rompe, der sogar auf dem Inselfriedhof begraben ist. „Dat söte Länneken", das süße Ländchen, wie es die Einheimischen liebevoll nennen, hat es als einzige Insel geschafft, die Touristenströme nach der Wende im Zaum zu halten. Hier wurde nichts zugebaut wie andernorts, um so den natürlichen Charakter zu erhalten. Schließlich zählt Hiddensee auch zum Nationalpark Vorpommersche Boddenlandschaft. So ist es heute noch ein entspanntes Erlebnis, wenn man zum Dornbusch aufbricht, um den Leuchtturm von Hiddensee zu besteigen, das Wahrzeichen der Insel. Der Dornbusch ist eine Hügelkette, die in der letzten Eiszeit entstand, als das Eis hier Geröllmassen, Sand und Kreide zusammenschob. Der Leuchtturm wurde 1888 erbaut, er steht auf dem 70 Meter hohen Schluckswiekberg und ist 28 Meter hoch. Eine Aussichtsplattform erreicht man nach 102 Stufen. Der Lichtstrahl reicht ungefähr 45 Kilometer weit. Erst seit 1994 kann er von Besuchern betreten werden. Lange diente er nicht nur Schiffen als Landmarke, er sollte in der DDR-Zeit auch Flüchtlinge aufstöbern helfen, denn die Scheinwerfer der patrouillierenden Grenzboote reichten nicht so weit. Eine Flucht von Hiddensee zur 70 Kilometer entfernten dänischen Insel Møn war so gut wie aussichtslos. Nur zwei Surfer haben es 1986 geschafft. Wer heute bei gutem Wetter die Kreidefelsen von Møn sieht, weiß, dass er da jederzeit hinfahren kann.

Leuchtturm Dornbusch, Im Dornbuschwald 1, 18565 Hiddensee-Kloster
www.seebad-hiddensee.de
ÖPNV: Ab Schaprode und Stralsund Fähre, Hafen Kloster/Hiddensee

Tränen der Heliaden

30 *Die Bernsteinstadt Ribnitz-Damgarten*

Über 40 Millionen Jahre sind sie alt, die goldgelben bis rotbraunen Steine, die man auch Tränen der Heliaden, Gold des Meeres oder Glückssteine nennt. Nirgendwo in Deutschland erfährt man so viel über sie wie in der Bernsteinstadt Ribnitz-Damgarten. Dort gibt es das größte Bernsteinmuseum Europas, eine Bernsteingalerie, die Bernsteindrechslerei und eine riesige Schaumanufaktur. Wer will, kann auch in der Bernsteintherme oder im Bernsteinsee baden. Ribnitz-Damgarten ist das Tor zur Halbinsel Fischland-Darß-Zingst und liegt ganz lieblich am Bodden, hat einen hübschen Marktplatz, einen Hafen und die Marienkirche. Den Kirchturm kann man besteigen, um eine wirklich schöne Aussicht zu genießen. Schon im Jahr 1932 wurde in Ribnitz-Damgarten der sogenannte Fischlandschmuck angefertigt. Der Goldschmied Walter Kramer verband Meeresmotive aus Silber mit Naturbernstein. Heute ist dieser Schmuck sehr wertvoll. Nachdem Kramer in den Westen flüchtete, versuchte der VEB Ostsee-Schmuck seine Tradition fortzusetzen, durfte aber den patentrechtlich geschützten Namen Fischlandschmuck nicht verwenden. Aus dem VEB wurde die Schaumanufaktur Ostsee-Schmuck, heute der größte Schmuckhersteller in den neuen Bundesländern, auf drei Etagen präsentiert sich eine spannende Erlebniswelt. Seit 2009 hat die Bernstein Galerie E das Patent für den Fischlandschmuck erworben und fühlt sich diesem Erbe verpflichtet. Eine Ausstellung in der Galerie erinnert an den Entwickler Walter Kramer. In der Bernsteindrechslerei am Markt fertigt und repariert man nicht nur Schmuck, hier bekommt man auch wertvolle Kunstgegenstände aus Bernstein wie Flöten, Kerzenständer und Schatzkästlein. Ein Muss ist der Besuch des Bernsteinmuseums im ehemaligen Klarissenkloster mit der Ausstellung über die Natur- und Kulturgeschichte des baltischen Bernsteins. Mehr als 1600 Exponaten sind zu bestaunen, darunter seltene Einschlüsse und die Bernsteinkunst des 16. und 17. Jahrhunderts. Lohnenswert sind dort das KinderBernsteinland und auch das Museumscafé im schönen Klosterhof.

Ribnitz-Damgarten

www.ribnitz-damgarten.de, www.ostseeschmuck.de, www.bernsteingalerie-ribnitz.de, www.deutschesbernsteinmuseum.de, www.bernstein-drechsler.de

ÖPNV: Ab Rostock Hauptbahnhof RE9, Haltestelle Bahnhof Ribnitz-Damgarten-West

31 *Der Hof Hoher Schönberg*

„Da musst du hinfahren", sagte mir jemand in Klütz, „Es ist ganz toll, was der Jörg da auf die Beine gestellt hat." Der „Jörg" ist Herr Altmann, und „da" ist der Hof Hoher Schönberg. Museumsbauernhof, Biohofladen, Rosenbaumschule und Ölmühle steht drauf, aber es ist noch so viel mehr drin. Vielleicht ist es der einzige Hof dieser Art in Mecklenburg-Vorpommern, der Gartenbau, Bioland- und Viehwirtschaft noch mit solchen traditionellen Methoden betreibt. Zwölf Erwachsene und vier Kinder leben auf dem Hof, doch das alles hat mal klein angefangen. 1998 bezog der 21-jährige Jörg Altmann die leer stehende Hofanlage aus dem Jahr 1860 und baute noch eine Fachwerkscheune in mittelalterlichem Stil dazu. Felder wurden angemietet, verschiedene Getreidesorten gesät, die heute in der Natursteinmühle gemahlen werden. Der Maschinenpark lässt die Herzen der Oldtimerfreunde höherschlagen, die Trecker und Mähdrescher sind zum Teil 40, die Sortiermaschinen über 70 Jahre alt. „Ohne die komplizierte Elektronik lässt sich alles noch von Hand reparieren", sagt Jörg, und das haben die Jungs hier wirklich drauf. 25 Hektar Ackerland hat der Hof, außerdem werden Gemüse, Kräuter, Pfirsiche, Erdbeeren oder Kirschen angebaut. Über 20 Sorten Rohkostöle stellen die Bewohner selbst her. Die Gärtnerin Arne Graetsch betreibt außerdem eine Rosenschule. Herrlich duftende Blüten begrüßen den Besucher schon am Eingang. Hühner sind da, Schweine, Kühe, Ziegen und Schafe. Für Kinder gibt es viel zu sehen. Die Erwachsenen können derweil im schönen Hofladen einkaufen: frisches Biogemüse, Backwaren, Honig, Marmelade, Frischkäse oder Obstwein, alles selbst gemacht. Es ist lebendig und heilsam hier, so wundert es nicht, dass der Mitgesellschafter Moritz Ahlhorn auch Heilpraktiker ist. Er gibt Kurse in gesunder Ernährung und Lebensweise. Als Bonbon obendrauf steht hinter dem Haus eine große Aussichtsplattform mit weitem Blick über den Klützer Winkel. Bei klarem Wetter sieht man sogar den Kirchturm von Lübeck.

Hof Hoher Schönberg, Kalkhorster Straße 37, 23948 Hohen Schönberg, Tel. (03 88 27) 88 82 33
www.hofhoherschoenberg.de
ÖPNV: Ab Lübeck Hauptbahnhof oder Boltenhagen-Weisse Wieck Bus 390, Haltestelle Gut Hoher Schönberg

SCHULE
SCHE ROSE

Das Wahrzeichen Rügens

32 *Der Königsstuhl im Nationalpark Jasmund*

Der Nationalpark Jasmund ist mit gut 3000 Hektar der kleinste, aber vielleicht der schönste Nationalpark Deutschlands und zieht sich von Sassnitz bis nach Lohme. An der Küste leuchten die weißen Kreidefelsen in der Sonne und auf dem Steilufer erstreckt sich der wunderbare Buchenwald, welcher zum UNESCO-Welterbe zählt, der größte an der deutschen Ostseeküste. Die ältesten Buchen sind hier über 250 Jahre alt. Der höchste Kreidefelsen ist der Königsstuhl mit 118 Metern, die Gegend rundherum nennt man Stubbenkammer. Der Name leitet sich aus dem Slawischen ab, „stolpin“ steht für Stufe und „kamen“ für Fels. Vor mehr als 70 Millionen Jahren entstand die Kreideküste vor Rügen, als die eiszeitlichen Gletscher von Skandinavien in Bewegung gerieten. Südlich des großen Königstuhls liegen der kleine Königsstuhl und die Viktoriaaussicht, noch weiter südlich waren einmal die Wissower Klinken zu bewundern, doch ein Großteil davon stürzte 2005 ins Meer. Die Natur ist in Bewegung, auch durch den Klimawandel. Man muss sich die Kreidefelsen von Rügen ansehen, solange sie noch stehen! Das ist kein Werbespruch, sondern vielmehr ein Hinweis darauf, dass Schönes vergänglich ist. Wir alle kennen das berühmte Gemälde von Caspar David Friedrich „Kreidefelsen auf Rügen“. Von dieser Sicht, 1818 gemalt, ist nichts mehr übrig. Die Küste verändert sich Tag für Tag. Mehr erfährt man im modernen Nationalpark-Zentrum Königsstuhl. Es besteht aus Multimediakino, zwanzig Indoor-Erlebnisstationen, Spielplätzen und der Aussichtsplattform, die sich derzeit noch direkt auf dem Königsstuhl befindet. Geplant ist eine neue Anlage, die zwei Meter über dem Felsen schweben soll. Das Sieben-Millionen-Projekt ist nicht unumstritten, aber dass die Kreidefelsen entlang der Steilküste durch die rund 400.000 Besucher pro Jahr enorm belastet werden, ist auch klar. Hier kann jeder mithelfen, die Lebensräume für Tiere und Pflanzen so gut wie möglich zu erhalten.

TIPP Sollten Wege am Steilufer gesperrt sein, besteht akute Absturzgefahr! Alternativ lieber eine Bootstour machen, da sieht man die Kreidefelsen am besten.

Nationalpark-Zentrum Königsstuhl, Stubbenkammer 2, 18546 Sassnitz auf Rügen, www.koenigsstuhl.com

ÖPNV: Ab Sassnitz Bahnhof Bus 23, Haltestelle Nationalpark-Zentrum

Cousin & Cousine

33 *Café SüdWest in Stralsund*

Wandert man vom Stralsunder Hafen durch die schöne Badenstraße hinauf durch die Altstadt, sieht man so mancherlei interessante Fachwerkbauten, kommt vorbei an Kunsthandlungen und Bücherläden. Doch direkt an der mächtigen Nikolaikirche steht dann plötzlich ein Neubau, zwar angepasst an die Altstadtarchitektur, doch neu und modern. Dort haben Basti und Stephie im Sommer 2018 ihr Café SüdWest eröffnet. „Ein idealer Ort, um etwas Neues mit Tradition zu verbinden", meint Stephie, „für uns war das genau richtig." Das Café ist gut besucht von Einheimischen und Touristen. Sie kommen zum Frühstück, mittags zum Lunch oder abends auf ein Glas Wein und Tapas vorbei. Das Konzept ist wohl ausgedacht und folgt dem Slow-Food-Gedanken, Regionales mit gesundem Essen verbinden, dazu kommt hier eine Prise Weltoffenheit. Der Name SüdWest ist eine Entsprechung zur nahen Ost-West-Passage zwischen Rathaus und St. Nikolaikirche. Stephanie Walther und Sebastian Ermel stammen von der Insel Rügen, sie sind Cousin und Cousine, beide schon in der Welt herumgekommen. Basti war für eine Autofirma als Serviceberater in Berlin, Stephie für eine Bank in London und Singapur. Traditionell gab es Weihnachten immer ein Familientreffen im Harz, wo die beiden an diversen Plänen bastelten. Zunächst war ein neues Campingplatzkonzept im Gespräch, Stephie hatte so etwas schon in Australien gesehen. Als dann aber in der Badenstraße ein Betreiber für die Gewerbeeinheit gesucht wurde, war die Entscheidung für ein Lifestyle-Café schnell getroffen. Wenn die Sonne scheint, ist es besonders schön, draußen zu sitzen mit den Frühstücksvariationen Moin Moin, Moinsen und Moin. Lecker sind die Smoothies und Bowls mit gesunden Zutaten, selbst gemacht sind auch die erfrischenden Limonaden und die Rosmarin Chips. Es gibt vegane Quiche oder Gulasch vom Biorind, arme Ritter mit Hummus, Paninis, Börek oder Ziegenfrischkäse mit Salat, das alles auch zum Mitnehmen. Außerdem gibt es hier einen sehr freundlichen und aufmerksamen Service.

Café SüdWest, Badenstraße 53, 18439 Stralsund, Tel. (0 38 31) 2 35 69 00
www.cafe-suedwest.de

ÖPNV: Ab Stralsund Hauptbahnhof Bus 6, Haltestelle Hafen, 5 Minuten Fußweg

LEUCHTFEUER
WASERBERG
GIN

Treffen der Traditionssegler

34 *Die Hanse Sail in Rostock*

Es ist das größte Fest in Mecklenburg-Vorpommern, ein Event der Superlative. Seit 1991 findet am zweiten Augustwochenende die Hanse Sail in Rostock statt, eines der weltweit größten Treffen der Traditionssegler und Museumsschiffe mit mehr als einer Million Besuchern. Vier Tage wird gefeiert, vor allem am Stadthafen, wo die meisten Windjammer vor Anker liegen. Eine bunte Flaniermeile schlängelt sich mit Marktbuden, Karussells und Bühnen am Ufer entlang. Für viele ist der Höhepunkt jedoch das Mitsegeln auf einem der großen Schiffe. Es ist ein Traum, wenn die riesigen Segel sich entfalten und das Schiff mit dem Wind dahingleitet. Allerdings sollte man rechtzeitig buchen, denn die Karten sind begehrt. Bei den Open Ships bekommt aber jeder Gelegenheit, einen Riesensegler von innen zu bestaunen. Die rund 200 Schiffe kommen aus der ganzen Welt, begrüßt werden sie schon in Warnemünde mit lautem Kanonendonner, denn die Hanse Sail ist gleichzeitig auch ein Kanonier- und Böllertreffen. Die riesigen Kreuzfahrschiffe, die am Fährterminal Warnemünde vor Anker liegen, veranstalten ein großes Hupkonzert. Allerlei kleine Kutter, Jachten und Schlepper begleiten dann die Riesen auf ihrem Weg die Warnow hinunter. Gute Plätze für das Schauspiel findet man entlang der Westmole, aber auch auf der Hohen Düne oder an der neuen Hafencity.
Neben vielen Events rund um die Boote findet traditionell am Samstagabend ein großes Feuerwerk in Warnemünde und Rostock statt. Den krönenden Abschluss bildet dann am Sonntag die Regatta der Großsegler. Mit dabei sind immer Boote der Superlative wie die Sedov, der größte Traditionssegler der Welt. Das Schiff wurde 1921 auf der Kieler Germaniawerft gebaut und ist 117,5 Meter lang, der Heimathafen ist heute das eisige Murmansk in Russland. Beliebter Gast ist auch die 1926 in Bremerhaven gebaute Kruzenshtern, die früher als Padua berühmt wurde durch den Film „Große Freiheit Nr. 7“ mit dem unvergessenen Hans Albers. Wir wünschen: Immer eine Handbreit Wasser unterm Kiel!

Hanse Sail Rostock, Warnowufer 65, 18055 Rostock
www.hansesail.com
ÖPNV: Ab Rostock Hauptbahnhof Tram 1, 4, 5, 6, Haltestelle Stadthafen

35 *Fischleder Store von Ramona Stelzer in Wismar*

Eine Fischschuppe in der Börse soll ja Glück bringen, und bei Ramona Stelzer bekommt man gleich ein ganzes Portemonnaie aus Fischleder. Die junge Frau hat sich auf die Verarbeitung von Fischhäuten zu Schmuck und Accessoires spezialisiert und dafür schon etliche Preise eingeheimst, unter anderem die Auszeichnung der Bundesregierung als Kultur- und Kreativpilotin. Seit April 2019 betreibt Ramona Stelzer in der Innenstadt von Wismar einen Fischleder Concept Store, der einzigartig ist in Deutschland. Hier kann man ihr bei der Arbeit zusehen und schöne Stücke erwerben oder nach eigenen Wünschen fertigen lassen. An den Wänden hängen bunte Fischhäute in vielen Farben mit sehr unterschiedlicher Oberflächenstruktur. Stör, Rochen, Lachs, Barsch, Aal oder Seewolf, ja sogar Schollen sind dabei, allesamt Abfallprodukte aus der Lebensmittelindustrie, die sonst im Müll gelandet wären. Diese Fischhäute werden zum Teil in Bayern von Anatol Donkan gegerbt. Seine Vorfahren gehörten zum sibirischen Volk der Nanai und verstanden sich schon von jeher auf dieses Handwerk. Nach dem Gerben werden die Häute mit natürlichen Pflanzenfarben gefärbt. „Ich bin selbst immer wieder erstaunt, was da herauskommt“, sagt die gelernte Goldschmiedin. Nach der Ausbildung verschlug es die gebürtige Baden-Württembergerin nach Wismar, wo sie noch einmal vier Jahre Produkt- und Schmuckdesign studierte. Der nierenförmige Arbeitstisch war ihre Diplomarbeit, heute fertigt sie darauf den schönen Fischlederschmuck. Durch Zufall entdeckte sie das außergewöhnlichem Material, welches bald zu ihrer Passion wurde. Schnell stellte sie fest: Mit diesem Alleinstellungsmerkmal kann man etwas aufbauen. Inzwischen ist die Nachfrage nach ihren Ringen, Ohrringen, Armbändern und Ketten riesengroß, nach Gold- oder Silberschmuck, in das sie Fischleder mit großer Sorgfalt einarbeitet. Jedes Stück ist ein Unikat. Weiterhin zeigt sie Taschen, Geldbörsen oder Schuhe von befreundeten Designern aus Skandinavien, die sich ebenfalls mit dem Material beschäftigen.

Fischleder Store, Krämerstraße 21, 23966 Wismar, Tel. (01 78) 3 63 10 81, www.ramonastelzerdesign.com

ÖPNV: RB bis Wismar Bahnhof, 15 Minuten Fußweg

Britisches Flair in Mecklenburg

36 *Schloss Bothmer in Klütz*

Schloss Bothmer mit seinem schönen Park ist die älteste barocke Schlossanlage Mecklenburg-Vorpommerns. Der niedersächsische Graf Hans Caspar von Bothmer (1656–1732) ließ es ab 1726 vom Schweriner Hofbaumeister Johann Friedrich Künnecke (gest. 1738) erbauen, doch seine Fertigstellung 1732 erlebte er nicht mehr. Er war ein Mann von Welt, bereiste ganz Europa und landete schließlich in London in Nummer 10 Downing Street, wo er als erster Minister für deutsche Angelegenheiten König Georg I. beriet. So ist es nicht verwunderlich, dass er in seinem zukünftigen Familiensitz sehr viele englische Stilelemente einfließen ließ. Bis Juli 1945 residierten die von Bothmers im Schloss, dann enteignete sie die Rote Armee. Zuerst kamen zwar die Engländer in den Klützer Winkel, aber es galten die Alliierten-Verträge von Jalta, und so übernahmen die Sowjets das Gebiet bis kurz vor Travemünde. Aus dem Schloss wurde ein Krankenhaus, dann ein Altersheim, welches kurz nach der Wende geschlossen wurde. Für eine symbolische D-Mark ging es 1998 an einen Investor, der keiner wurde, denn es folgte ein Schicksal, das viele Herrenhäuser und Schlösser in Mecklenburg-Vorpommern teilten: Der Käufer hatte große Pläne, tat aber nichts. Zehn Jahre gab es nur Leerstand. Das Land kaufte schließlich Schloss Bothmer zurück und sanierte es denkmalgerecht für 36,5 Millionen Euro. Dass diese prächtige Anlage 2015 der Öffentlichkeit wieder übergeben werden konnte, ist ein unwahrscheinliches Glück: Jetzt kann jeder durch den wunderschönen, englischen Schlosspark flanieren. Den ganzen Sommer gibt es hier Konzerte, im Juli immer das „British Flair mit Country Fair". Das Schlossmuseum zeigt in den ehemaligen Wohnräumen des Grafen spannende Einblicke aus seinem Leben, aber auch viel über die Baugeschichte des Gebäudes. Im Ostflügel befindet sich das Café-Restaurant Orangerie, das für seine Torten sehr gelobt wird. Ein überaus beliebtes Fotomotiv ist die Festonallee vor dem Schloss. Auf 270 Metern ziehen sich 70 holländische Linden wie an einer Girlande den Hügel hinauf.

Schloss Bothmer, Am Park, 23948 Klütz, Tel. (03 88 25) 38 53 18 76 93
www.schloss-bothmer.de

ÖPNV: Ab Wismar ZOB Bus 240, ab Grevesmühlen Bus 320, Haltestelle Klütz Wismarsche Straße

Sehen, Riechen, Schmecken

37 *Kräuterführung über die Zickerschen Berge*

Es ist eine der schönsten Wanderungen, die man in Deutschland unternehmen kann. Ganz im Südosten der Insel Rügen, auf der Halbinsel Mönchgut liegen die Zickerschen Berge, und René Geyer bietet dort Wild- und Heilkräuterführungen an. Es ist Frühling, die Schlehen blühen und die Hänge sind voller gelber Schlüsselblumen. „Wir verdanken den Mönchgutern den Erhalt dieser schönen Natur", erklärt uns René Geyer, „Die haben erreicht, dass hier nicht alles zugebaut wurde, ihre Grundstücke nicht verkauft." Pläne gab es genug. Wie überall im Osten kamen nach der Wende einige mit hochtrabenden Projekten, vom Golfplatz bis zum Luxushotel. Doch schon 1984 stand die Halbinsel teilweise unter Naturschutz. Später wurde daraus das UNESCO Biosphärenreservat Südost-Rügen.

Die Zickerschen Berge sind ein sanftes Auf und Ab von kleinen Hügeln, mit duftenden Blumen- und Kräuterwiesen. Hier bieten sich herrliche Ausblicke über den Greifswalder Bodden. Obwohl René Geyer ein waschechter Ruganer ist, hat er seine Kindheit auf der anderen Seite des Wassers im schönen Greifswald verbracht. 2003 kehrte er auf die Insel zurück, um hier sein Hobby zum Beruf zu machen. Als freiberuflicher Naturführer kennt er nicht nur viele Kräuter, sondern auch unzählige Sagen und Mythen von der Insel. So vermitteln seine Wanderungen nicht nur viel Wissen, sondern sind auch recht unterhaltsam.

TIPP Sehenswert sind auch der Fischerhafen von Gager und das Dorf Groß Zicker mit der Pfarrwitwenscheune.

Das Frühjahr ist eine gute Zeit für Kräuter, die zarten Triebe eignen sich besonders gut für Wildkräutersalate: Löwenzahn, Giersch oder Gänseblümchen. René Geyer lässt uns fühlen, schnuppern und kosten. Die Zickerschen Berge sind eine Oase für Bienen und andere Insekten. Man sieht hier Schmetterlinge, die andernorts längst ausgestorben sind. Das sind unvergessliche Momente. Die Pflege der Wiesen übernehmen ganz einfach die Schafe, sie halten hier alles kurz. Im Frühsommer blühen auf den Wiesen Hunderte Orchideen, die Lerchen singen und der Mäusebussard streicht übers Revier. So viel Idylle ist selten geworden.

- **Kräuterführung mit René Geyer, Treffpunkt 18586 Gager-Groß Zicker auf Rügen, Schlagbaum am Ende der Boddenstraße in Groß Zicker, www.naturgeyer.de**
- **ÖPNV: Ab Bahnhof Göhren Bus 21, Haltestelle Gager-Groß Zicker, 10 Minuten Fußweg**

38 *Die Hanse- und Studentenstadt Greifswald*

Die alte Hansestadt Greifswald ist eine der wenigen Städte in Mecklenburg-Vorpommern, die nach dem Wendetief eine ständig steigende Einwohnerzahl zu verzeichnen hat. Durch die günstige Lage zur Insel Usedom und die guten Bedingungen für Wissenschaftler und Studenten hat sich hier eine beliebte, junge Stadt entwickelt. Von knapp 60.000 Einwohnern studieren fast 11.000, und die Studienplätze sind sehr begehrt, besonders bei Medizinern, aber auch bei Mathematikern und Naturwissenschaftlern. An der philosophischen Fakultät stehen Sprachen und Kultur des Ostseeraums im Vordergrund. Die Ernst-Moritz-Arndt Universität wurde bereits 1456 gegründet und hat einen von drei noch existierenden Studentenkarzern in Deutschland, den man auch bei einer Führung besichtigen kann. Wenn die Studenten unterwegs sind von der Uni zur Mensa, machen sie täglich eine beneidenswerte Sightseeingtour. Sie kommen vorbei am „Langen Nikolaus", dem Dom St. Nikolai, mit seinem 100 Meter hohen Turm. Weiter geht es über den mittelalterlichen Marktplatz mit dem klassizistischen Rathaus, im Hintergrund sieht man schon die „Dicke Marie", die St.-Marienkirche. Sie ist die größte Backsteinkirche Norddeutschlands.

Greifswald ist eine typische Fahrradstadt. Schnell radelt man zum wunderschönen Museumshafen am Flüsschen Ryck, wo alte Segelboote, Schleppkähne, Dampfer und andere kuriose Boote liegen. Hier trifft man sich am Abend in kleinen Restaurantschiffen oder sitzt einfach am Ufer. Ein romantischer Ort, um einen schönen Tag ausklingen zu lassen. Fährt man den Fluss weiter entlang, geht es über den alten Treidelpfad in das Fischerdörfchen Wieck mit seiner hölzernen Klappbrücke. Sehr beliebt sind auch die historischen Wallanlagen, die grüne Lunge der Stadt. Früher lediglich Stadtbefestigung, wurden sie 1782 zu einer Promenade mit großem Park umgestaltet. Teile der Stadtmauer sieht man noch, wie den Fangenturm am Museumshafen. Greifswald ist eine angesagte Stadt im Aufbruch mit historischer Altstadt, hippen Läden und schönen Restaurants.

Historische Altstadt, 17489 Greifswald
www.greifswald.info
ÖPNV: RB bis Greifswald Bahnhof, 5 Minuten Fußweg

Caféhaus
Marimar
Konditorei & Bistro

39 *Weihnachtsmützenlauf in Ahlbeck auf Usedom*

Es ist nicht Sommer, es ist nicht warm, und doch versammeln sich Hunderte Urlauber am Kurpark vor der Seebrücke in Ahlbeck. Hier startet am zweiten Weihnachtsfeiertag traditionell der Weihnachtsmützenlauf für einen guten Zweck. Die Insel Usedom wird als Reisedestination im Winter immer beliebter. Über den Jahreswechsel ist kaum noch ein Hotelbett zu bekommen. Viele wollen bewusst eine besinnliche Zeit ohne Knallerei und Konsum erleben, Strand- oder Waldspaziergänge in guter Luft genießen, sich mit Wellness oder Kosmetik verwöhnen lassen. Beim Weihnachtsmützenlauf geht es nicht um neue Streckenrekorde, sondern um Spaß, Bewegung und vor allem um Charity – denn alle freiwilligen Startgelder und alle Einnahmen aus dem Getränkeverkauf gehen zu 100 Prozent an den Kinder- und Jugendhospizdienst Leuchtturm e. V. in Greifswald. Sein großes Ziel ist das erste stationäre Kinderhospiz in Mecklenburg-Vorpommern. Bis dahin arbeitet der Verein ambulant, kümmert sich um Familien, die ein palliativ erkranktes Kind haben. Palliativ bedeutet, dass die Krankheit nicht mehr heilbar, die Lebensdauer des Kindes begrenzt ist. Das ist für Eltern oft eine schwere Belastung, nicht nur seelisch, sondern auch zeitlich und finanziell. Hier hilft der Verein mit Kompetenz und großer Zuverlässigkeit, hat ein Netzwerk aufgebaut mit Ärzten, Psychologen, Sozialarbeitern, häuslichen Hilfen. Er sorgt auch dafür, dass die Eltern sich selbst einmal erholen können. Etliche Tausend Euro haben die Laufmützen Usedom schon gesammelt und sie sind mit großer Freude dabei. Beim Weihnachtsmützenlauf sind mehr als 200 Teilnehmer am Start, die Strecke für Läufer und Walker ist sechs oder zehn Kilometer lang. Sie führt zunächst am Strand und dann an der Europapromenade entlang. Überall herrscht eine tolle Stimmung. Vorher erfolgt das beliebte Warmtanzen, das alle Zuschauer mitmachen. Natürlich gibt es auch „geistige" Getränke für die Wartenden. Da alle Einnahmen gespendet werden, kann es auch mal ein Glühwein mehr sein.

Weihnachtsmützenlauf, Dünenstaße, 17419 Seebad Ahlbeck
www.laufmuetzen-usedom.jimdofree.com
ÖPNV: Ab Stralsund Hauptbahnhof RB23, Haltestelle Ahlbeck Bahnhof, dann Bus 290/291, Haltestelle Ahlbeck Strandpromenade

245
96
68
150

Nudel Dich glücklich

40 *Real Food – die Pastamanufaktur in Niendorf*

Hallo? Was ist denn da los? Dicht von Menschen umringt ist ein Stand auf dem Neuen Markt in Rostock, und die Leute wissen anscheinend alle genau, was sie wollen. „Ich nehme die Linguine mit Pesto", „Ich die Rustica, aber bitte mit Gulasch", rufen sie. Eine junge Frau händelt das Ganze souverän, verteilt kleine heiße Portionen oder Tüten und Gläser. Die Frau heißt Sabrina Meier und betreibt mit ihrem Mann Patrick Grümmert seit fünf Jahren eine Pastamanufaktur in Niendorf, unweit von Schwaan. Mit ihrem Pastamobil stehen sie dienstags in Güstrow und jeden Freitag in Rostock. Ihre Nudeln kann man auch direkt in Niendorf erwerben, im Hofladen oder sieben Tage die Woche im Selbstbedienungskühlschrank mit der Kasse des Vertrauens, der hat 24 Stunden geöffnet. „Nudeln können ja süchtig machen", sagt Sabrina Meier, „Meine Kunden sollen zu jeder Zeit an ihre Nudeln kommen."

Nudeln machen tatsächlich glücklich. Das liegt an den komplexen Kohlenhydraten. Sie regen im Gehirn die Serotoninproduktion an und vermitteln dadurch jede Menge gute Laune. Wenn dann noch Nudeln mit Liebe und Leidenschaft hergestellt werden, kann eigentlich nichts mehr schiefgehen. Das liebste Stück von Patrick Grümmert ist sein „Teigmonster": eine Knetmaschine aus dem Jahr 1964, die über 200 Kilogramm Nudelteig auf einmal verarbeiten kann. Was in den Teig kommt, ist geheim und zum Teil auch saisonal abhängig. Ganz stolz ist man hier auf die zum Teil seltenen Formen. Sie heißen Casarecce, Campanelle oder Herz-Pasta, aber auch normale Spaghetti, Linguine oder Tagliatelle werden produziert. Besonders schön sind die Nudeln in Muschelform. Die Pasta gibt es mit oder ohne Ei, aus Dinkel- oder Hartweizengrieß, vegan oder glutenarm. Gemischt sind sie mit Rotwein-Rote-Bete, mit Haselnüssen, Brennnesseln oder Steinpilzen – der Fantasie sind da keine Grenzen gesetzt. Genauso ist es mit den Pastasoßen: Gorgonzola-Babyblattspinat, Pfifferling-Rahm-Soße, feurige Arrabiata, ach es gibt so viele! Hausgemacht sind auch die Chutneys und viele Sorten Pesto, und alles gibt es im Hofladen zu kaufen.

Real Food GmbH, Hofladen, Ausbau 1, 18258 Wiendorf Niendorf, Tel. (0 38 44) 8 09 94 44
www.my-realfood.com
ÖPNV: Ab Rostock ZOB Bus 284, Haltestelle Schwaan Ausbau

EINFACH BEWUSST

Kaffeetrinken mit Weitblick

41 *Hotel Neptun Rostock-Warnemünde*

Um dieses Hotel ranken sich viele Geschichten. Ob sie alle wahr sind, wird man nie erfahren, eines steht aber fest: Bis heute steigen hier fast täglich prominente Gäste ab. Das Hotel Neptun wurde 1971 nach Plänen des schwedischen Architektenduos Fritz Jaenecke (1903–1978) und Sten Samuelson (1926–2002) gebaut. Beide hatten 1958 die Weltmeisterstadien zur Fußball-WM sowie das Schwedenhaus im Westberliner Hansaviertel entworfen. Das geplante Ferien-, Kongress-, Sport- und Kurhotel galt vielen jedoch mit einer Höhe von 64 Metern als Bausünde, überragte es doch den gesamten Ort. Heute lästert keiner mehr, im Gegenteil: Der Baustil ist wieder angesagt. Die Innenarchitektur des Fünf-Sterne-Hauses ist maritim, hell und frisch. Das beliebte Thalasso-Zentrum, die Saunawelt sowie das Arkona-Spa sind hypermodern. Für die Anwendungen kommt das Salzwasser direkt aus der Ostsee und wird dann auf 30 Grad erwärmt. Das Hotel hat 18 Etagen mit 336 Zimmern und Suiten. Jedes Zimmer verfügt über einen Sonnenbalkon mit Blick aufs Meer.

Doch das Highlight ist das Panoramacafé in der 19. Etage. Es ist das höchste Café Mecklenburg-Vorpommerns. Hier hat man einen Logenplatz zur Hanse Sail oder bei den Segelwettkämpfen während der Warnemünder Woche. Bestens zu sehen sind das Treiben am Strand, das Ein- und Auslaufen der Kreuzfahrtschiffe oder das Leben am Alten Strom. Je nach Lust und Laune kann man hier ein Himmlisches Frühstück genießen, sogar ein Rührei mit Blattgold oder Russischen Kaviar. Nachmittags ist Kaffeeklatsch mit himmlischen Torten aus der hauseigenen Patisserie. Eine Spezialität muss man unbedingt probieren: den Warnemünder Sturmsack, ein Windbeutel mit Eis, heißen Kirschen und Sahne. Am Wochenende gibt es in der Sky-Bar Livemusik, in lauen Sommernächten kann sogar das Hoteldach geöffnet werden zum Tanz unter Sternen. Weitere Restaurants am Fuße des Hotels sind das Dünenfein, die Weinbar oder der Genusshafen. Sehr beliebt und immer voll ist die traditionelle Grillstube Broiler, seit 1971 originalgetreu erhalten und heute wieder Kult.

Hotel Neptun, Seestraße 19, 18119 Rostock-Warnemünde, Tel. (03 81) 77 70
www.hotel-neptun.de

ÖPNV: Ab Rostock Hauptbahnhof S1, Haltestelle Warnemünde S-Bahnhof, Abholung durch Hotel-Service Tel. (03 81) 7 77 77 77

HOTEL NEPTUN

Dichter ohne Heimat

42 *Literaturhaus Uwe Johnson in Klütz*

Die Sehnsucht nach Mecklenburg hat den Dichter Uwe Johnson (1934-1984) geprägt. Er kam als Flüchtling aus Pommern nach Anklam, besuchte das Gymnasium in Güstrow und die Universität in Rostock. Dort setzte er sich für die junge Gemeinde ein und flog von der Uni. In Leipzig durfte er weiter Germanistik studieren, blieb aber für die DDR ein Querulant. Seine Bücher konnte er nur im Westen veröffentlichen und darum ging er 1959 nach Westberlin. Später lebte er in New York und bis zu seinem Tod in Sheerness-on-Sea, in England. Doch Mecklenburg ließ ihn nie los. Bekannt wurde Johnson vor allem durch seine „Jahrestage". Neben Berichten über tagesaktuelle Ereignisse in Amerika wurde dort auf einer zweiten Ebene die Geschichte der Familie Cresspahl erzählt, welche in Jerichow lebte. Dieses Jerichow gleicht aufs Haar dem kleinen Ort Klütz, in dem sich heute das Literaturhaus Uwe Johnson befindet. In einem alten Getreidespeicher aus dem Jahr 1890 gibt es neben der Stadtinformation die moderne, gut aufbereitete Dauerausstellung über den Dichter und sein Werk. Es kommen Zeitzeugen und Weggefährten wie Günter Grass, Walter Kempowski und Siegfried Unseld zu Wort. Dieses Leben in Mecklenburg vom Ende des 19. Jahrhunderts bis kurz nach dem Mauerbau – keiner hat es so detailliert beschrieben wie Uwe Johnson. Max Frisch sagte einmal: „Ein homerisches Gedächtnis hat dieser Mann. Mecklenburg wird sich darauf verlassen dürfen." Vielen der Nachkriegsgeneration galt er als einer der bedeutendsten deutschen Dichter, vor allem im Westen. Im Osten war er verboten, er durfte auch zunächst nicht wieder einreisen, worunter er sehr gelitten hat. Johnson starb zu früh, einsam und alkoholkrank in England. Neben seinem Schreibtisch stand eine kniehohe Tonkatze, die er seine „Katze Erinnerung" nannte. Literaturfreunde dürfen heute glücklich sein, dass hier in Klütz ein Ort ist, an dem sie sich an Uwe Johnson erinnern können.

TIPP Vier Häuser weiter gibt es einen unglaublich schönen Staudengarten, in dem man auch gemütlich ein Buch lesen kann. www.staudengärtnerei-klütz.de

- **Literaturhaus Uwe Johnson, Im Thurow 14, 23948 Klütz, Tel. (03 88 25) 2 23 87 www.literaturhaus-uwe-johnson.de**
- **ÖPNV: Ab Wismar ZOB Bus 240, Haltestelle Klütz-Wismarsche Straße, 5 Minuten Fußweg**

UWE JOHNSON
„DICHTER DER BEIDEN DEUTSCHLAND"
Uwe Johnson (1934 -1984) gilt heute als einer der
Uwe Johnson (1934 -1984) is today regarded as one of the
wichtigsten deutschen Autoren der Nachkriegs-
most significant German authors of the post-war period.
zeit. Über seine Arbeiten wurde er zum Chronisten
Through his work he became a chronicler of the period of
der gespaltenen Zeit, zum „Dichter der beiden
division, a "poet of the two Germanies".
Deutschland".
Johnsons literarisches Werk hat seine Wurzeln im
Johnson's literary work has its roots in the divided Germany,
geteilten Deutschland, doch es ist mehr als nur eine
yet it is more than just a documentation of the East-West
Dokumentation des Ost-West-Konflikts. Es ist
conflict. It is complex, characterised by experiences in the
vielschichtig, von Erfahrungen in der Alten und der
Old and New World, provoking and innovative in terms of
Neuen Welt geprägt, provokant, erzähltechnisch
narrative technique and the artistic use of language.
und sprachkünstlerisch innovativ.

Unter Dampf

43 *Die Rügensche BäderBahn Rasender Roland*

Hier ist das Glück in Bewegung! Schon als kleines Kind war ich begeistert von der großen Dampflok, die mit lautem Tutuutuut und ganz viel Qualm vorübersauste. Wenn ich mitfahren durfte, dann am liebsten mit meinem Vater, der mich festhielt, wenn ich meine kleinen Ärmchen aus dem Fenster streckte. Voller Freude sehe ich heute, dass sich diese Begeisterung bei Kindern nicht geändert hat. Die historische Schmalspurbahn Rasender Roland fährt schon seit 1885 über die Insel Rügen und ist damit die älteste ihrer Art in Deutschland. Wo der Name herkommt, weiß keiner ganz genau, er hat sich einfach im Volksmund so eingebürgert. Um 1900 war das Bahnnetz der Schmalspurbahn wesentlich größer, über 100 Kilometer ging es von Bergen bis nach Altenkirchen ganz im Norden der Insel und nach Altefähr kurz vor Stralsund. Heute ist die Strecke nur noch 24 Kilometer lang, aber dennoch fester Bestandteil des Nahverkehrsnetzes auf der Insel. Die alten Bahnhöfe wurden inzwischen hübsch saniert. Acht verschiedene Dampfloks aus den Jahren 1914 bis1953 sind auf einer Spurweite von 750 Millimetern unterwegs, ihre Höchstgeschwindigkeit liegt bei 30 km/h.

Die Fahrt beginnt in der ehemaligen Residenzstadt Putbus, hier befinden sich auch die Lokschuppen sowie die Wagenwerkstatt. Die Strecke führt durch die schöne Insellandschaft zwischen Alleen, kleinen Dörfern, Wiesen und Feldern hindurch bis ins mondäne Ostseebad Binz. Danach geht es weiter durch die dichten Wälder der Granitz und in die Ostseebäder Sellin, Baabe und Göhren. Zwölf Stationen sind es insgesamt. Im Sommer fährt die Bahn alle zwei Stunden hin und wieder zurück, auch mit einem offenen Wagen, um noch mehr von der Landschaft zu erleben. Zu dieser Zeit geht es auch von Putbus mit dem Dampfzug bis zum Hafen nach Lauterbach. Außerdem gibt es Nachtfahrten bis kurz vor Mitternacht, um den Touristen so viel wie möglich Abendveranstaltungen in den Seebädern zu ermöglichen, ohne dass sie das Auto nutzen müssen.

Rügensche BäderBahn Rasender Roland, Bahnhofstraße 14, 18581 Putbus
www.ruegensche-baederbahn.de

ÖPNV: Ab Stralsund Hauptbahnhof RE9, Haltestelle Bergen auf Rügen, dann Preßnitztalbahn (PRE), Haltestelle Putbus

99 1781-6
Unt.DLW Mei.
13.12.11 VV

Steinerne Zeugen

44 *Die Großsteingräber beim Ostseebad Rerik*

Die Mecklenburg-Vorpommersche Ostseeküste ist im wahrsten Sinne des Wortes eine steinreiche Gegend. Während der letzten Eiszeit wuchsen in den Gebirgen Skandinaviens riesige Gletscher. Das Eis türmte sich in mehreren Schichten, sogar über 1000 Meter hoch. Gewaltige Kräfte drückten das Eis in Richtung Süden, dabei wurden große Geschiebemassen mitgerissen: Sand, Ton, Kies und Steine. Besonders auf der Insel Rügen, aber auch zwischen Wismar bis Heiligendamm strandeten beachtliche Findlinge. Der größte Steinriese ist der Buskam, er liegt kurz vor Göhren auf Rügen im Wasser und soll 1600 Tonnen wiegen. Auf die Waage gelegt hat ihn freilich keiner, denn selbst mit der heutigen Technik könnte man ihn nicht heben, ohne ihn zu zerstören. Wie haben es dann die Menschen in der Jungsteinzeit gemacht, als sie die riesigen Großsteingräber bauten? Noch Jahrhunderte später dachte man, es sei das Werk von Riesen oder Trollen. Darum nannte man sie auch Hünengräber. Inzwischen wissen Archäologen, wie diese Begräbnis- und Kultstätten angelegt wurden.

Rund um Rerik gibt es acht sehr gut erhaltene Gräber. Meist liegen sie auf einer Anhöhe: Auch nach dem Tod sollten bestattete Familienoberhäupter einen erhabenen Blick aufs Meer haben. Mit unglaublicher Anstrengung wurden die riesigen Steine über weite Strecken bis auf die Hügel transportiert, meist mithilfe von Baumstämmen. Gut zu erreichen sind 1,2 Kilometer östlich von Rerik zwei interessante Megalithgräber aus der Zeit um 2900 v. Chr. Wer mit dem Auto über die L122 kommt, biegt an der Straße am Zeltplatz ein und parkt am Friedhof. Direkt gegenüber an der Straße ist eine Bushaltestelle, von dort geht es 150 Meter südlich auf einem Trampelpfad über das Feld, den Hügel hinauf. Das erste Grab ist ein Großdolmen mit einem besonders großen Deckstein. 100 Meter weiter östlich befindet sich ein Ganggrab. Hier sollen über 300 Jahre lang Menschen begraben worden sein, es wurden sehr viele Grabbeigaben gefunden. Beide Anlagen sind gut erhalten und haben erklärende Schautafeln.

TIPP Wer noch mehr wissen möchte, bucht eine Führung bei der Kurverwaltung Rerik. www.rerik.de

Großsteingräber, 18230 Ostseebad Rerik
www.rerik.de
ÖPNV: Ab Rostock-Kühlungsborn ZOB Bus 121, Haltestelle Rerik, 5 Minuten Fußweg

Voll romantisch

45 *Die Klosterruine von Eldena in Greifswald*

Achtung: hoher Romantikfaktor! Kamera bitte nicht vergessen! Die Klosterruine von Eldena kennt fast jeder von den Gemälden des Greifswalder Malers Caspar David Friedrich (1774–1840). Er hat das Motiv in verschiedenen Werken verewigt und sich nicht um den tatsächlichen Standort geschert. So tauchen die Reste des Klosters mal in einer weiten Ebene auf, dann wieder mitten in einer Felsenlandschaft im Riesengebirge, zwischen hohen Bäumen im Sommer oder ganz einsam im Schnee. Die Ruine von Eldena wurde das Hauptmotiv des Künstlers, und weil er sie berühmt machte, wurde sie bis heute noch nicht abgerissen. Über die Zeiten konservierte man die Ruine als Denkmal, wie es auf den Gemälden zu sehen war.
Der Ursprung lag im Jahr 1199, da wurde das Zisterzienserkloster Hilda gegründet. Es war bald das mächtigste der Region und hatte auch die Gründung der Stadt Greifswald initiiert. Hilda hieß einst der Fluss am Kloster, später nannte man ihn Ryck und das Kloster Eldenow. Die Rügenfürsten sowie der dänische König schenkten den Zisterziensern große Ländereien, so auch auf der Insel Rügen die spätere Halbinsel Mönchgut. Zur Zeit der Reformation wurde das Kloster wie viele andere enteignet und ging in den Besitz des Herzogs Philipp I. über, der daraus einen Gutshof machte, dessen Ende mit dem Dreißigjährigen Krieg kam. Alle Gebäude wurden stark zerstört und verfielen zunehmend. Die Stadt Greifwald nutzte Steine des Klosters zur Ausbesserung von Straßen und Gebäuden. Erst um 1803 kam mit den ersten Ruinen-Bildern von Caspar David Friedrich wieder ein großes Interesse auf. Ausgrabungen fanden statt und der Gartenarchitekt Peter Joseph Lenné (1789–1866) gestaltete das Außengelände zu einem Park. Seit 1827 wurde die Ruine unter Gesichtspunkten des Denkmalschutzes gesichert und erhalten. 1968 fanden die ersten Konzerte in der ehemaligen Klosterkirche statt, seither gibt es regelmäßige Veranstaltungen. Höhepunkte sind der Eldenaer Klostermarkt im Juni und Anfang Juli die Jazz Evenings. Die Klosteranlage ist ganzjährig frei zugänglich.

Klosterruine Eldena, Wolgaster Landstraße 41, 17493 Greifswald
www.greifswald.de
ÖPNV: Ab Greifswald ZOB Bus 2, Haltestelle Wieck/Brücke, 10 Minuten Fußweg über den Studentensteig

Erdbeerliebe

46 *Karls Erlebnis-Dorf in Rövershagen*

Ein außergewöhnlicher Erfolg ist Robert Dahl mit seinen Erdbeeren gelungen. Wer kennt sie nicht, die kleinen roten Erdbeerhäuschen? Darin verbergen sich nicht nur gesunde, saftige Früchtchen, sondern sie sind auch das Symbol einer beispiellosen Unternehmerstory. Sie nahm 1992 östlich von Rostock ihren Anfang. Der 21-jährige Robert Dahl wurde von seinem Vater, einem Obstbauern aus Schleswig-Holstein, nach Mecklenburg geschickt, um eine Erdbeerplantage anzulegen. Ganz zufällig war der Ort nicht gewählt, denn hier hatte sein Opa Karl schon 1921 ein paar Erdbeerfelder besessen. Nach dem Krieg ging die Familie nach Warnsdorf bei Lübeck. Dort wurde auch Roberts Vater Karl-Heinz Obstbauer. Er hatte die Idee mit den Erdbeerhäuschen und ließ 1989 die ersten von einem Bootsbauer anfertigen. Sohn Robert sollte zunächst auf zehn Hektar in Rövershagen sein Glück versuchen. „Mach dich selbstständig Junge“, sagte der Vater. Robert stellte zuerst einen kleinen DDR-Wohnwagen neben das Feld. Dort wohnte er und hatte gleichzeitig sein Büro. Die erste Erdbeerernte fuhr er 1993 ein. Ein Jahr später standen dann die ersten vier Erdbeerhäuschen am Feldrand. Fünf Jahre darauf gab es schon 50 Erdbeerhäuschen in und um Berlin.
Heute ist das Unternehmen Karls Erlebnis-Dorf der größte Arbeitgeber der Region und die meistbesuchte Touristenattraktion in Mecklenburg-Vorpommern. Aus dem Erdbeerfeld wurde eine riesige Erlebniswelt mit Kinderspielplätzen, Gaststätten, Kaffeerösterei, Marmeladenmanufaktur und Bauernmarkt. Inzwischen gibt es Ableger auf Rügen, Usedom, bei Potsdam und Lübeck. In Rostock-Warnemünde am Pier 7, neben dem Kreuzfahrtterminal, betreibt Karls neben einem Café und der Manufakturscheune auch die Warnemünder Sandwelt. Kürzlich eröffneten das Upcycling-Hotel Alles Paletti und eine eigene Bahnstation für das Erlebnis-Dorf Rövershagen. Lobend ist die neuste Entwicklung zu erwähnen, so bemüht sich Robert Dahl auch um die Nachhaltigkeit seiner Produkte: umweltfreundliche Verpackungen, Fair-Trade-Kaffee oder Schokoaufstriche ohne Palmfett.

Karls Erlebnis-Dorf Rövershagen, Purkshof 2, 18182 Rövershagen, (Tel. 03 82 02) 40 50
www.karls.de/roevershagen
ÖPNV: Ab Rostock Hauptbahnhof RB12, Haltestelle Erlebnis-Dorf Rövershagen

Karls
1921
Original Karls Erdbeeren
1kg
Erdbeer-Hof
Erdbeer Sinfonie

Piraten ahoi

47 *Störtebeker Festspiele in Ralswiek auf Rügen*

Für viele Gäste der Insel Rügen ist es schon Tradition, zu „Störtebeker" zu gehen. Gemeint sind die Störtebeker Festspiele in Ralswiek, das größte Open-Air-Spektakel Deutschlands. Von Ende Juni bis Anfang September ist hier die ganze Insel im Piratenfieber. Jedes Jahr wird eine neue spannende Geschichte um den Piraten Klaus Störtebeker erzählt. Mal geht es um die Königin von Schweden, dann um die Mecklenburger Fürsten oder auch um die Kaufleute der Hanse. Mehr als 8000 Zuschauer verfolgen jeden Abend das Spektakel auf einer der größten Freilichtbühnen Europas.
Ins Leben gerufen hat das Privattheater Peter Hick, seit 1993 ist er Intendant mit Herzblut und Leidenschaft. Auch seine Frau Ruth und Tochter Anna-Theresa sind längst fester Bestandteil des Unternehmens. Im Laufe der Jahre ist der Mitarbeiterstab enorm gewachsen. Bühnenbauer, Maskenbildner, Pyro- und Tontechniker, Stuntman oder Tiertrainer sind immer besser geworden. Derzeit hat Regisseur Marco Bahr hier den Überblick: Über 150 Mitwirkende und 30 Pferde stehen täglich auf der Bühne. Einige Schauspieler sind schon viele Jahre dabei, kommen immer wieder gern. So auch Wolfgang Lippert, der als Balladensänger wunderbare Lieder wie den „Albatros" von der Gruppe Karat singt. Neben den Proben finden die Mitarbeiter noch Zeit, auch mal ans Meer zu fahren oder durch die vielfältige Boddenlandschaft zu reiten. Das ist ausdrücklich erwünscht, denn alle Piraten sollten nicht nur seefest sein, sondern auch hoch zu Ross eine gute Figur machen. Klaus Störtebeker alias Alexander Koll und sein Freund Goedeke Michels alias Alexander Hanfland tun das auf jeden Fall: Sie sind richtig stattliche Piraten. Mit gewagten Stunts und ganz viel Action erobern sie die Herzen der Zuschauer im Nu. Vier Schiffe sind im Einsatz, denn die Bühne mit ihren immer neuen Kulissen steht direkt am Jasmunder Bodden. Jeden Abend gibt es zum Abschluss noch ein großes, farbenfrohes Feuerwerk. „Störtebeker" ist auf jeden Fall ein unvergessliches Erlebnis für die ganze Familie.

Störtebeker Festspiele GmbH & Co. KG, Am Bodden 100, 18528 Ralswiek/Rügen
www.stoertebeker.de
ÖPNV: Ab Bergen/Rügen ZOB Bus 12, Haltestelle Ralswiek Ort, 5 Minuten Fußweg

Das Gärtner-Gen

48 *Der Rhododendronpark in Graal-Müritz*

Wenn man über Gärten in Mecklenburg-Vorpommern spricht, kommt man an der Evert-Dynastie nicht vorbei. Bereits in vierter Generation werden große Landschaftsparks von der Familie gestaltet. Angefangen hat es 1892, als der Blumenbindermeister Friedrich Evert in Rostock ein Blumengeschäft eröffnete und in Gehlsdorf eine Gärtnerei. Sein Sohn, der Gartenarchitekt Friedrich-Karl, gründet 1937 daraus einen Betrieb für Garten- und Landschaftsgestaltung. Er ist Mitbegründer eines bekannten Blumenbringdienstes. Seine Passion aber waren die Staudenpflanzen, speziell der Rhododendron. Als 1955 die Gemeindevertreter des Ostseeheilbades Graal-Müritz anfragten, ob er dort einen großen Waldpark anlegen wolle, war er sofort begeistert. Auf dem ehemaligen Gelände einer Sandgrube sollte die Anpflanzung von Sträuchern gleichzeitig als Küstenschutzstreifen dienen. Der Rhododendron eignete sich hervorragend dazu, die klimatischen Bedingungen mit der feuchten Küstenluft konnten nicht besser sein. Zwischen 1955 und 1961 entstand so einer der größten und schönsten Rhododendronparks Deutschlands. Er ist 4,5 Hektar groß und hat zirka 2500 Rhododendron- und Azaleenstauden mit 60 Hybriden, manche sind bis zu sechs Meter hoch. Für den Sohn Dierk Evert, inzwischen selbst ein gefragter Gartenarchitekt, war es Ehrensache, den Park seines Vaters von 2005 bis 2007 umfassend zu rekonstruieren, die wertvollen Pflanzen zu beschneiden, neue Wege und einen Konzertpavillon anzulegen. Heute ist der zauberhafte Park ein Touristenmagnet und ganzjährig geöffnet. Ein wahres Blütenmeer findet man im Mai zur Rhododendronblüte, dann gibt es ein großes Parkfest. Mit der Zeit hat Dierk Evert überall an der Küste seine Spuren hinterlassen, in den Kurparks von Baabe, Sellin oder Dierhagen. Und er hat das Gärtner-Gen längst weitervererbt: Als Nächster aus der Familie tritt Johannes Evert an. Er hat bereits in Dresden Garten- und Landschaftsarchitektur studiert, arbeitet in Hamburg und wird bald den väterlichen Betrieb übernehmen. Der Eintritt ist frei.

Rhododendronpark, Parkstraße, 18181 Graal-Müritz
www.graal-mueritz.de
ÖPNV: Ab Rostock Hauptbahnhof RB12, Haltestelle Ostseeheilbad Graal-Müritz Bahnhof, 10 Minuten Fußweg

Butje, Butje in de See

49 *Fischereihof Kamerun in Boltenhagen-Tarnewitz*

So stellt man sich den idealen Urlaubsabend vor: gemütlich am Wasser sitzen, einen leckeren Aperol Spritz trinken oder ein gekühltes Bier, dazu fangfrischen Fisch essen. Im Restaurant Fischereihof Kamerun von Uwe Dunkelmann werden all diese Wünsche wahr. Bereits in der vierten Generation sind die Dunkelmanns Fischer in Boltenhagen. Den Anfang machte 1917 der 17-jährige Adolf. Sein Sohn Günther trat in seine Fußstapfen und sorgte mit seiner Frau Uschi für ordentlich Nachwuchs. Sechs Kinder haben sie, einige wurden ebenfalls Berufsfischer.
Ende der 1980er-Jahre gab es noch mehr als 100 Fischer in Nordwestmecklenburg, heute sind es nur noch elf. Dazu gehören die Söhne Klaus, Uwe und Joachim sowie Enkel Kai Dunkelmann. Obwohl Uwe Dunkelmann zunächst andere Pläne hatte und Elektronikfacharbeiter lernte, zog es ihn bald wieder an die Küste. Er trat in den väterlichen Betrieb ein und wurde Facharbeiter der kleinen Küsten- und Hochseefischerei, erwarb alle seemännischen Patente. Nach der Wende machte er sich selbstständig und kaufte einen Kutter, den er nach seiner Mutter Uschi nannte. 1994 eröffnete er als Erster in Boltenhagen eine eigene Fischräucherei, die Fischerstuw. 2008 wurde am alten Fischereihafen Tarnewitz die Weiße Wiek, eine 13.000 Quadratmeter große, luxuriöse Ferienanlage gebaut, und Uwe sah seine Chance für eine neues Restaurant gekommen. Sein Kamerun mit einer schönen Terrasse liegt direkt am Hafen. Inzwischen hat dort Tochter Eva die Geschäfte übernommen und Uwe Dunkelmann konzentriert sich wieder auf das Fischen. Jeden Morgen fährt er mit seiner Uschi aufs Meer hinaus und manchmal nimmt er auch Touristen mit. Vor der Küste werden hauptsächlich Dorsch, Scholle, Flunder und Hering gefangen, aber auch Lachs, Seehase sowie Krustentiere. Fangfrisch kommen sie dann in den Räucherofen, werden gebraten oder gekocht. Es ist wirklich erstaunlich, was da alles auf den Tisch kommt, vor allem anständige Portionen zu fairen Preisen.

- **Fischereihof Kamerun, Zum Hafen 1 a, 23946 Ostseebad Boltenhagen, OT Tarnewitz, Tel. (03 88 25) 26 72 31, www.kamerunweb.de**
- **Fischräucherei Fischerstuw, Strandpromenade 47 a, 23946 Ostseebad Boltenhagen**
- **ÖPNV: Ab Wismar ZOB Bus 240, Haltestelle Boltenhagen-Tarnewvitz, Weiße Wieck**

APEROL
1919

Traumschiff ahoi

50 *Cruise Center in Rostock-Warnemünde*

Kreuzfahrten werden immer beliebter. Trotz des schon lang anhaltenden Booms steigen die Zahlen der Passagiere weiter, jährlich um zehn Prozent. Für die einen ist es ein Lebenstraum, mit so einem Schiff abzulegen, andere sehen in den Kreuzfahrtschiffen nur große Umweltsünder. Der Faszination entziehen kann sich aber kaum jemand, wenn er erst einmal direkt vor den Riesen steht. Am 1. Mai 2005 wurde das Warnemünder Cruise Center an der Mittelmole eröffnet, das einzige Terminal deutschlandweit, wo der Bahnhof fußläufig neben dem Kreuzfahrtschiff liegt. In sehr kurzer Zeit hat sich Warnemünde zu einem der wichtigsten Cruise Center an der Ostsee entwickelt. 2019 gab es 199 Anläufe mit 41 verschiedenen Schiffen von 24 Reedereien. Bald wird ein weiteres Terminal eingeweiht. Manchmal legen sogar fünf Kreuzfahrtriesen auf einmal an, drei in Warnemünde am Passagierkai und zwei im Seehafen. Einer der größten Kreuzliner am Kai ist die Regal Princess mit einer Länge von 330 Metern. 3560 Passagiere hat sie an Bord und 1348 Crewmitglieder. Es ist erstaunlich, wie der 7000-Seelen-Ort das verkraftet. Doch die Warnemünder sind sturmerprobt und große Fans der überdimensionalen Riesen, schließlich brauchen Kreuzfahrttouristen keinen Parkplatz. Denn das ist das größte Problem bei schönem Wetter, wenn hier bis zu 100.000 Badegäste täglich den Strand stürmen. Morgens, wenn noch alles schläft, fahren die schwimmenden Städte in den Hafen. Dann schwärmen die Besucher aus, machen Ausflüge, einen Einkaufsbummel oder gehen zum Strand. Die Crewmitglieder, meistens aus Asien, schätzen vor allem das kostenlose W-Lan rund um die Touristeninformation und kaufen an Land gern Schokolade. Abends werden die Schiffe mit einer großen Portparty verabschiedet, mit Schlepperballett und Feuerwerk. Wenn die Kapelle „Muss i denn zum Städtele hinaus" spielt, antworten die majestätischen Riesen mit einem Hupkonzert. Wer nur reinschnuppern will, hat bei AIDA-Cruises Gelegenheit, an einer vierstündigen Führung teilzunehmen, um einmal den Alltag an Bord zu erleben und hinter die Kulissen zu schauen.

Warnemünde Cruise Center, Kreuzfahrtterminal, Ost-West-Straße 32, 18147 Rostock-Warnemünde www.rostock-port.de, www.aida.de

ÖPNV: Ab Rostock Hauptbahnhof S1, S2 oder S3, Haltestelle Warnemünde

NCL

Stark gehopft

51 *Störtebeker Braumanufaktur in Stralsund*

Seit dem frühen Mittelalter wurde in der Hansestadt Stralsund Bier gebraut. Mehr als 200 Brauereien gab es zur Blütezeit der Hanse. Rund um die Stadt wuchsen bis ins 17. Jahrhundert zahlreiche Hopfgärten, welche die Brauer belieferten. Das Bier wurde für die Seeleute quasi zum Grundnahrungsmittel, stark eingebraut nach slawischer Tradition war es nahrhaft, kalorienreich und lange haltbar, oft besser als möglicherweise verseuchtes Trinkwasser. Auch auf langen Seereisen war außer gesalzenen Heringen immer Bier mit an Bord. Das Stralsunder Bier avancierte zum Exportschlager Nummer Eins, war beliebt in Dänemark und Schweden.
Die Störtebeker Braumanufaktur wurde 1827 als Hanseatische Brauerei gegründet und zog 1899 an den heutigen Standort vor die Tore der Stadt. Nach einer wechselvollen Geschichte gehört das Unternehmen heute zu den erfolgreichsten Brauereien Norddeutschlands mit jährlich rund 250.000 Hektolitern. Große Sortenvielfalt in Spitzenqualität und die Pflege der hanseatischen Brautradition sind die Markenzeichen des Hauses. Etwas Besonderes ist das stark gehopfte Ale oder das frisch-herbe Atlantik-Ale mit den Duftnoten Zitrone, Grapefruit und Melone. Wiederbelebt wurde das in der DDR beliebte Doppelkaramellmalz, heute Hanse-Porter, es wird nur dezent gehopft und schmeckt malzig-süß. Als weltbestes Kellerbier wurde das Störtebeker Keller-Bier 1402 prämiert. 30 Sorten Bier und Biermischgetränke sind im Sortiment, außerdem Mineralwasser und Biolimonade.
Die hanseatische Braukunst erlebt man direkt bei den täglichen Führungen durch die alte Brauerei mit dem historischen Sudhaus, aber auch in der modernen Produktion. Anschließend findet eine Bierverkostung im Braugasthaus Alter Fritz statt, wo Chefkoch und Biersommelier Marko Voot auf regionale Zutaten setzt. So gibt es Lamm vom Strelasund, Wildkräuter von der Insel Rügen oder fangfrischen Ostseefisch. Die Störtebeker Braumanufaktur hat noch einen ganzen Fundus an traditionellen Rezepten auf Lager und man darf gespannt sein.

Störtebeker Braumanufaktur, Greifswalder Chaussee 84, 18439 Stralsund, Tel. (0 38 31) 25 50
www.stoertebeker.com
ÖPNV: Ab Stralsund Hauptbahnhof Bus 3, Haltestelle Brauerei

Die Wiege des Malers

52 *Caspar-David-Friedrich-Zentrum in Greifswald*

Hier atmet alles Geschichte! Direkt hinter dem mächtigen Dom St. Nikolai steht ein kleines, sehr altes Fachwerkhaus. Es ist das ehemalige Geburtshaus des Malers Caspar David Friedrich, welcher dort am 5. September 1774 geboren wurde. Seine Familie betrieb im Keller eine Seifensiederei, bereits in fünfter Generation. Diese Räume sind noch originalgetreu erhalten und gehören heute zum Caspar-David-Friedrich-Zentrum, wo man alles Wissenswerte über den Maler und sein Werk erfährt. Das ganze Ensemble besteht aus zwei Gebäuden, der Haupteingang ist in einem roten Ziegelbau in der Langen Straße. Von dort geht es über den kleinen Hof in das alte Fachwerkhaus mit der Seifensiederei, wo der Vater auch Kerzen zog. Es sind schon magische Momente, wenn man da unten steht: Hier ist er also rumgesprungen, hat sogar mitgearbeitet, der kleine Caspar David Friedrich, als sechstes von zehn Kindern. Ansonsten ist das Zentrum eher ein Ort mit modernen Kunst- und Sonderausstellungen. Es gibt Veranstaltungen und Workshops. Ein kleines Café, was jung und frisch wirkt.

TIPP Am Caspar-David-Friedrich-Zentrum beginnt auch ein Bilderweg mit 15 Stationen des Malers in und um Greifswald, es sind Motive weltberühmter Gemälde.

Obwohl es eigentlich in seinen Kreisen nicht üblich war, ließ der Vater den Sohn gewähren, als sich herausstellte, dass der zeichnerisches Talent hatte. In Greifswald erhielt er seine ersten Privatstunden als Zeichner, machte sich schon früh mit den Werken Alter Meister vertraut. Mit 20 Jahren ging er an die Kunstakademie nach Kopenhagen, wie viele Maler seiner Generation aus dem Ostseeraum. Vier Jahre später entschied er sich jedoch für ein Weiterstudium in Dresden, wo er seinen Lebensmittelpunkt fand und wo auch die meisten seiner bekannten Bilder entstanden. Trotzdem blieb er seiner Heimatstadt treu, bei zahlreichen Besuchen machte er unzählige Skizzen, bereiste die Umgebung, Vorpommern und Rügen. Manche Motive, wie die Klosterruine von Eldena oder die Segelboote im Hafen von Wieck, ließen ihn ein Leben lang nicht los. Er platzierte sie in andere Landschaften wie ins Riesengebirge, nahm seine Heimat in Gedanken überallhin mit.

Caspar-David-Friedrich-Zentrum, Lange Straße 57, 17489 Greifswald, Tel. (0 38 34) 88 45 68
www.caspar-david-friedrich-greifswald.de
ÖPNV: RB bis Greifswald Bahnhof, 5 Minuten Fußweg

Boote mit braunen Segeln

53 *Zeesbootfahrten ab Fuhlendorf-Bodstedt*

Wer auf der Halbinsel Fischland-Darß-Zingst Urlaub macht, sollte eine Zeesbootfahrt nicht versäumen. Zeesboote sind traditionelle Fischerboote, die speziell für den Bodden gebaut wurden. Sie fallen durch ihre großen, braunen Segel auf, sind aus Holz und haben das einzuholende Schwert in der Mitte. Die Zeese, ein spezielles Schleppnetz, gab dem Boot seinen Namen. Es wurde vorn und hinten am Boot befestigt. Die Fische gingen ins Netz, während das Boot seitlich durchs Wasser trieb. Seit Mitte des 15. Jahrhunderts wurden Zeesboote speziell in der pommerschen Boddenlandschaft eingesetzt, weil sie gut geeignet sind für flache Gewässer, aber auch weil sie mit den großen Segeln bei wenig Wind gut vorankommen. Die braune Farbe der Segel rührt von den Konservierungsmaterialien her wie Lebertran, Holzteer oder Eichenrinde. Bis 1987 wurde in der DDR noch aktiv mit Zeesbooten gefischt, heute dienen die meisten nur noch als Freizeitboote. Rund 110 solcher Boote gibt es noch, mehr als die Hälfte haben ihre Heimat in der pommerschen Boddenlandschaft, sie wurden zwischen 1910 und 1930 gebaut.

TIPP Im Sommer empfiehlt sich eine Fahrt mit der Fähre von Prerow oder Born nach Bodstedt.

Die Boddenhäfen Dierhagen, Wustrow, Althagen, Born und Wieck bieten Zeesboottouren für Touristen an. Eine größere Flotte liegt in Bodstedt, am südlichen Bodstedter Bodden. Hier hat der Skipper Martin Rurik seine Boote. Er ist im Reigen der Zeesbootkapitäne noch relativ jung. Im Jahr 2005 erwarb der gelernte Holzbootsbauer sein erstes Zeesboot, die Bernstein, und schon bald fanden sich die ersten Mitfahrgäste ein. Dank seines Berufes kann Martin alles selbst reparieren, denn bei einem Holzboot fällt auch jede Menge Arbeit an. Da heißt es schmirgeln und schleifen, dann streichen. Ist man damit fertig, geht es von vorn los. Inzwischen hat Martin Rurik schon einige Boote wieder zum Schwimmen gebracht: die Martha, die Charlotte und auch die Marie-Luise, eine sehr alte Dame aus dem Jahr 1903. Im Sommer kann man täglich Touren bei ihm buchen, im Winter fährt er in den Süden, wo er als Bootsbauer überaus gefragt ist.

Zeesbootfahrten Martin Rurik, Hafen Bodstedt, 18356 Fuhlendorf-Bodstedt, Tel. (01 74) 4 42 17 50
www.zeesbootfahrten.de

ÖPNV: Ab Ribnitz-Damgarten West, Bus 214, Haltestelle Fuhlendorf-Bodstedt Hafen

WERFT RAMMIN BARTH

Schiffe in Flaschen

54 *Buddelschiffmuseum im Ostseebad Boltenhagen*

Wer in die Werkstatt von Jürgen Kubatz kommt, staunt nicht schlecht. Was gibt es da nicht alles zu sehen! Die Räume sind bis unter die Decke voll mit jeder Menge Werkzeug, Holz, Farben, großen und kleinen Schiffen. Jürgen Kubatz ist Buddelschiffbauer und hat ein Buddelschiffmuseum in Boltenhagen, eins der ganz wenigen in Deutschland.

Schon seit seiner Kindheit baut der heute 76-Jährige Schiffsmodelle, und irgendwann fing das auch mit den Flaschen an. Schriftmaler hat er gelernt, dazu braucht man einen genauen Blick und ruhige Hände. Aber später ist er dann auch zur See gefahren, bei der Handelsflotte der DDR. Dabei konnte man fremde Länder sehen – für viele damals ein Traumberuf. Doch in der Realität war man die meiste Zeit auf See, viele Wochen von Rostock bis nach Kuba oder Afrika. Da brauchte man ein sinnvolles Hobby. So fing das mit den Buddelschiffen an, erst als Geschenke für die Familie, dann kamen auch von Kollegen Anfragen. Inzwischen hat Jürgen Kubatz an die 3000 Schiffe gebaut. Wie viele es genau sind, weiß er nicht mehr.

In seinem Museum sind zirka 500 Buddelschiffe ausgestellt, das kleinste ist so groß wie ein Fingernagel. Das aufwendigste Objekt ist der Fischereihafen von Tarnewitz in einer riesigen Flasche. An die 300 Stunden hat der Buddelschiffbauer daran gearbeitet. Er hat viele seltene Stücke gefertigt, aber auch selbst Schiffe von anderen gesammelt. Einige davon kann man kaufen, sie kosten von fünf bis 50 Euro. Den größten Spaß hat Jürgen Kubatz aber bei seinen Mitmachkursen für Kinder. „Ich bin immer wieder erstaunt, was die schon können, aber auch wie wenig die Eltern ihren Kindern zutrauen", verrät er. In den Familien werde heutzutage nicht mehr so viel gebastelt und gefriemelt wie früher. Aber die Kinder seien trotzdem helle. Jürgen Kubatz hat die Hoffnung noch nicht aufgegeben, ein paar für sein Hobby zu begeistern. Richtig glücklich ist er dann, wenn die Eltern die Kinder bewundern und sagen: „Mensch! Wie hast du das denn gemacht?"

Buddelschiffmuseum, Ostseeallee 23, 23946 Ostseebad Boltenhagen, Tel. (03 88 25) 2 90 62
www.boltenhagen.de/der-ort/unikate/buddelschiffmuseum
ÖPNV: Ab Wismar ZOB Bus 240, Haltestelle Boltenhagen Schwanenweg

Perle der Backsteingotik

55 *Das Münster in Bad Doberan*

Es ist ein Meisterwerk der norddeutschen Backsteingotik, Kirche des ältesten Klosters in Mecklenburg-Vorpommern und europaweit die am reichsten ausgestattete Zisterzienserkirche: das Doberaner Münster. Der mächtige Bau erhebt sich prunkvoll und strahlt ziegelrot in der Sonne, umgeben von einem weitläufigen Park und den Resten der Klosteranlage. Das Kloster hatte ursprünglich vier Eingangstore. Durch die Zerstörungen in der Reformationszeit sind nur noch wenige Gebäude erhalten: das Beinhaus mit prächtigen Wandmalereien aus dem 13. Jahrhundert, die imposante Ruine des ehemaligen Wirtschaftshauses, das Kornhaus sowie das Schuldienerhaus von 1270/80. Fast vollständig erhalten ist die Ringmauer um das Kloster. Sie ist 1,4 Kilometer lang und um die 2,5 Meter hoch.

Der Bau der Kirche begann bereits 1294, die Weihe fand 1368 statt. Eine dreischiffige Basilika ohne Verzierungen mit Querhaus bildet den Grundriss. Die Innenausstattung blieb über die Jahrhunderte fast unversehrt und ist über die Maßen prächtig. Es sind Kunstschätze von Weltrang, wie der reich vergoldete Hochaltar aus dem 13. Jahrhundert oder der älteste Flügelaltar der Kunstgeschichte, um 1360 erbaut. Sehenswert sind auch der Kreuzaltar, der Mühlenaltar und der Corpus-Christi-Altar aus der Zeit um 1300. Über Jahrhunderte war die Kirche eine beliebte Grablege mecklenburgischer Herzöge und Adliger, insgesamt sind mehr als 25 Grabplatten erhalten. Im nördlichen Seitenschiff findet man so den Sarkophag von Friedrich Franz I. (1756–1837), aber auch das Grabdenkmal der dänischen Königin Margarete Sambiria (1230–1282).

Täglich gibt es Führungen in der Kirche. Nicht versäumen sollte man einen Besuch im sanierten Torhaus. Hier bietet Christiane Heise im ältesten Doberaner Klosterladen ausgesuchte Souvenirs und den beliebten „Kräuterliqueur“. Nebenan betreiben Tillmann Hahn und seine Frau das Klostercafé. Neben Kuchen und kleinen Speisen erfreut sich das Gewürzkontor großer Beliebtheit.

Doberaner Münster, Klosterstraße 2, 18209 Bad Doberan
www.muenster-doberan.de, www.bad-doberaner-klosterladen.de, www.torhaus-doberan.de
ÖPNV: RB bis Bad Doberan Bahnhof, 15 Minuten Fußweg

Zentrum
Wirtschafts-
gebäude
Klostergarten
Kornhaus
Torhaus/
Klosterläden
Bädermuseum

Hier steppt der Eisbär

56 *Der Rostocker Zoo*

Mit seiner historischen Parkanlage im Barnsdorfer Wald, dem neuen Polarium und dem Darwineum ist der Rostocker Zoo nicht nur der größte Zoo an der Ostseeküste, sondern auch der schönste seiner Klasse in Europa. In der Kategorie B, Zoos bis zu einer Million Besucher, liegt er auf Platz 1. Es gibt hier so viel zu sehen, dass ein ganzer Tag nicht ausreicht. Auf 56 Hektar tummeln sich mehr als 4200 Tiere aus 430 verschiedenen Arten von allen Kontinenten.

Begonnen hat alles schon um 1864 mit der Umgestaltung eines alten Exerzierplatzes zur Grünanlage. Förster Schramm von der Trotzenburg pflanzte fremdländische Bäume und richtete ein Wildgehege mit Wildschweinen, Rehen und Hirschen ein. Später kamen exotischere Tiere dazu und am 4. Januar 1899 wurde der Hirschgarten eröffnet. Im Zweiten Weltkrieg, in den alliierten Bombennächten 1942, wurde auch der Zoo nahezu vollständig zerstört. Viele Freiwillige kamen danach, um zu helfen, Tausende spendeten für ihren Zoo. 1956 wurde dann der Zoologische Garten Rostock eröffnet.

1963 kam Katja, das erste Eisbärenkind, zur Welt. Seitdem ist Rostock weltberühmt für seine Eisbärenzucht. Heute leben die jungen Eisbärendamen Noria und Sizzel sowie der Eisbärenjunge Akiak in der 2018 neu eröffneten Polarwelt. Auf 12.500 Quadratmetern kann man nicht nur die Könige der Arktis unter Wasser beobachten, sondern auch die tapsigen Humboldtpinguine vom Südpolarmeer. Im Polarium gibt es neben den artgerechten Außengehegen auch ein Besucherzentrum, wo man in einer Eis- und Meereswelt alles über die kältesten Regionen der Erde und ihre tierischen Bewohner erfahren kann. Ein weiterer Höhepunkt ist das Darwineum mit Tropenhalle und Evolutionsausstellung. Es zeigt zwei Ausstellungsbereiche zur Entstehung des Universums, lebende Fossilien und Deutschlands größten Quallenkreisel. In der Tropenhalle wohnen unsere nächsten Verwandten: Gorillas, Orang-Utans oder Kattas. Traditionell beliebt sind die täglichen Schaufütterungen bei Seelöwe, Eisbär oder Flusspferd. Hier ist tierisch was los!

Zoologischer Garten Rostock, Rennbahnallee 21, 18059 Rostock, Tel. (03 81) 2 08 20
www.zoo-rostock.de

ÖPNV: Ab Rostock Hauptbahnhof Tram 3 oder 6, Haltestelle Rostock Zoo

57 *Darßer Weststrand mit Natureum am Darßer Ort*

Der Weststrand des Darß zählt laut dem Fernsehsender ARTE zu den 20 markantesten Stränden der Welt. Das gesamte Gebiet steht unter Naturschutz und gehört zum Nationalpark Vorpommersche Boddenlandschaft. Der Strand ist gut zwölf Kilometer lang, völlig unbebaut und sieht sehr wildromantisch aus. Am Ufer türmen sich Baumwurzeln, riesige Baumstämme oder Treibholz. Aus dem Wasser ragt ein großer Bunker, Relikt des Zweiten Weltkriegs. Trotzdem oder gerade deshalb gehen hier viele Ruhesuchende baden, Textil oder FKK, wie jeder mag. Es ist ein feiner, weißer Sandstrand. Hinter den Dünen beugen die Kiefern ihr Haupt vor dem Seewind. Nirgendwo wächst der Wald so dicht ans Wasser wie hier. Aus Naturschutzgründen kann man alles nur zu Fuß oder mit dem Fahrrad erreichen. In der ersten Schutzzone bleibt der Darßwald völlig unberührt und sich selbst überlassen: eine riesige Oase mit Mooren, Farnen und Bruchwald. Ein Wolf, Rothirsche und Rehe fühlen sich hier wohl. Der Darßwald ist insgesamt 47 Quadratkilometer groß und hat gut ausgeschilderte Wege.

An der Westküste reißt der Wind immer wieder Stücke von der Küste ab, Bäume stürzen ins Meer. Die Strömung trägt alles zum Darßer Ort, einem Anlandungsgebiet an der Nordspitze, dort verändert sich die Landschaft ständig. Lagunen entstehen, kleine Sandbänke, auf denen sich Wasservögel, aber auch Robben sonnen. Der Ostseeschweinswal hält sich gern in diesen Gewässern auf, wird aber durch den kürzlich errichteten Windpark auf See stark bedroht. Wenn man Glück hat, sieht man stolze Hirsche mit prächtigen Geweihen. Sie fühlen sich hier absolut sicher und schwimmen von Insel zu Insel. Im Herbst hört man sie weithin röhren. Vor der Nordspitze, am Darßer Ort, findet man das Natureum mit dem alten Leuchtturm, eine Außenstelle des Meeresmuseums Stralsund. Es gibt Wissenswertes über die Landschaft zu erfahren und Aquarien mit Meeresfischen zu sehen. Lohnend ist der Aufstieg auf den Leuchtturm. Was für ein überwältigender Ausblick!

Darßer Weststrand mit Natureum, Darßer Ort 1-3, 18375 Born am Darß, Tel. (03 82 33) 3 04
www.natureum-darss.de

ÖPNV: Ab Prerow-West Pferdekutsche, Alfred Kayserling, Tel. (03 82 33) 6 02 78 oder Ralf Bergmann, Tel. (03 82 33) 7 02 77 (ca. 45 Minuten)

Im Meer versunken

58 *Sonnenuntergänge im Ostseebad Rerik*

Spätabends mitten im Sommer. Die Menschen strömen aus allen Himmelsrichtungen heran, kommen vom Hafen und aus ihren Ferienwohnungen und laufen den kleinen Berg hinab. Alle wollen auf die Seebrücke von Rerik, denn hier ist der schönste Platz, um den Sonnenuntergang zu sehen. Dicht gedrängt schauen sie wie gebannt aufs Meer, umarmen sich oder fotografieren. Alle warten, bis die Sonne im Meer versinkt.
Was ist so faszinierend an einem Sonnenuntergang? Die Farben? Das Licht? Oder weil er jeden Abend anders ist? Im Urlaub ist das vor allem ein guter, ein friedlicher Abschluss eines schönen Tages, den man gemeinsam mit der Familie oder mit Freunden verbracht hat. Vielleicht war man wandern oder mit dem Rad unterwegs, hat einfach am Strand gelegen oder einen Stadtbummel durch Wismar oder Rostock gemacht. Nun am Abend ist Zeit innezuhalten, sich auszuruhen und zu genießen. Das ist etwas, was uns im Alltag fehlt. Wer kann schon jeden Abend beim Sonnenuntergang zur Stelle sein? Wenn wir in der Stadt wohnen, ist das so gut wie unmöglich. Darum genießen wir das hier, es ist ein schöner Augenblick im Leben, der uns glücklich macht.
Doch wo sind die schönsten Plätze für einen Sonnenuntergang am Meer? Rerik ist so ein Ort, aber auch Kühlungsborn-West, hier trifft man sich zum Flanieren auf der Strandpromenade. Auf Rügen sitzt man herrlich auf der Terrasse des Panoramahotels Lohme mit Blick auf das Kap Arkona. Auf der Halbinsel Fischland-Darß-Zingst genießt man die ganze Küste entlang von Dierhagen bis Zingst tolle Sonnenuntergänge, ebenfalls auf Hiddensee. Einen unschlagbaren Blick gibt es in Nienhagen vor der Kulisse des Gespensterwaldes. Wer es romantisch und kuschlig mag, findet in Markgrafenheide auf der Terrasse der Blauen Boje ein stilles Plätzchen mit leckeren Cocktails. Und alles einmal von oben sieht man vom Panoramacafé Warnemünde. Usedom und die großen Ostseebäder auf Rügen bestechen dagegen mit ihren Sonnenaufgängen. Schöne Sonnenuntergänge sieht man dort entlang der Boddenküste.

Seebrücke Rerik, Dünenstraße, 18230 Ostseebad Rerik
www.rerik.de
ÖPNV: Ab Bad Doberan ZOB Bus 104, Haltestelle Rerik

Die Robben sind zurück

59 *Schiffstour mit dem MS Seebär ab Boltenhagen*

Eine außergewöhnliche Schiffstour kann man ab der Weißen Wiek in Boltenhagen-Tarnewitz erleben. Kapitän Marco Weiße fährt mit seinen Gästen zu einer Sandbank, der Lieps, nordwestlich von Wismar, um dort Robben zu beobachten. Der Name „Lieps“ kommt aus dem Slawischen von „Lipa“, der Linde, denn im Mittelalter war dies noch eine Halbinsel mit vielen Bäumen. Hier stand sogar mal der älteste deutsche Leuchtturm. Doch das ist lange her, die Sturmfluten haben daraus eine Insel gemacht und später nur noch eine Sandbank. Die ist zeitweise bis zu 3,5 Kilometer lang, aber nicht immer zu sehen. Die Einfahrt in die Wismarer Bucht ist daher für Kapitäne großer Pötte eine knifflige Angelegenheit und geht nicht ohne Lotsen.

„Ich kann aber nicht versprechen, dass wir heute Robben sehen“, meint Marco Weiße. „Das ist ja kein Zoo hier.“ Er selbst habe schon bis zu 60 Tiere auf einmal gesichtet. Wir sind sehr gespannt, also eine Glückssache! Wildbiologen sind sich inzwischen einig: Die Robben sind wieder zurück an der südlichen Ostsee. 2018 wurde auf Rügen das erste Kegelrobbenbaby gefunden, gleich danach häuften sich die Meldungen über Geburten. Auf der Lieps sonnen sich nicht nur die eher zutraulichen Kegelrobben, sondern auch die seltenen Seehunde, ihr Bestand ist ebenfalls gestiegen. Die Kegelrobben sind gegenüber den Seehunden größer, haben einen lang gestreckten Kopf. Verbote von Umweltgiften wie PCB und DDT haben sich ausgezahlt. Makrelen und Heringe finden sie hier nun reichlich.

Unsere Bootstour geht vorbei an der Tarnewitzer Huk, früher Militärgelände und jetzt gesperrtes Naturschutzgebiet. Allerlei halb versunkene Bunkeranlagen und sogar ein altes Schiffswrack sind zu sehen. Zeit, das Fernglas zu zücken, denn da haben es sich zahlreiche Wasservögel gemütlich gemacht. Über allen kreist ein majestätischer Seeadler. An der Lieps angekommen, sehen wir aus der Ferne drei sehr unterschiedliche Tiere: Während der kleine Seehund sofort verschwindet, drehen sich die Kegelrobben neugierig zu uns herüber. Glück gehabt!

MS Seebär, Weiße Wiek, Steg D, 23946 Ostseebad Boltenhagen, Tel. (01 71) 2 80 63 17
www.ms-seebaer.de

ÖPNV: Ab Wismar ZOB Bus 240, Haltestelle Tarnewitz-Weiße Wiek

AUSFLUGSFAHRTEN
Schifffahrten
ab Tarnewitz
Weiße Wiek - Steg D
Nächste Abfahrten:
Donnerstag
1 Stunde Seefahrt
Bootsvermietung
SEEBAR

Sprudelndes Welterbe

60 *Die Wasserkunst von Wismar*

Eine Perle unter den Hansestädten ist Wismar. Die gut erhaltene Altstadt ist seit 2002 gemeinsam mit Stralsund UNESCO Welterbe. Im Stadtkern erstrahlt der prächtige Marktplatz, mit 10.000 Quadratmetern der größte und schönste seiner Art in Norddeutschland. Stolze Bürgerhäuser aller Epochen stehen eng beieinander. Geschäfte, Restaurants und Cafés laden zum Verweilen ein. Das älteste Haus am Platz ist das Gasthaus Alter Schwede. Es wurde um 1380 gebaut und hat einen wunderschönen Treppengiebel aus Backstein sowie zahlreiche Schmuckfenster. Gleich daneben fällt ein herrliches Haus mit einer neogotischen Fassade auf, es beherbergt das Restaurant Seestern und wurde um 1900 mit grünen Jugendstilornamenten bemalt. Das massive Rathaus an der Nordseite des Platzes ist ein klassizistischer Bau mit zwei Giebeln und wird nach seinem Baumeister, dem mecklenburgischen Hofbaumeister Johann Georg Barca (1781–1826), auch Barca-Bau genannt.

Doch das interessanteste Bauwerk ist zweifelsohne ein zwölfeckiger Pavillon mitten auf dem Markt. Es ist die Wasserkunst, das Wahrzeichen von Wismar, ein Laufbrunnen, der über 300 Jahre die Stadt mit Wasser versorgte. Der holländische Baumeister Philipp Brandin (1535–1594) begann mit dem Bau schon 1579 im Stil der niederländischen Renaissance, aber erst 1602, nach seinem Tod, wurde die Wasserkunst fertiggestellt. Rund 220 Häuser und 16 Schöpfstellen konnten damit versorgt werden. Rund um den Brunnen verläuft eine Inschrift zur Geschichte der Trinkwasserversorgung der Stadt. Seit 1998 gehören auch die zwei Bronzefiguren Nix und Nixe wieder zum Brunnen. Die beiden Wasserspender wurden aus Prüderie viele Jahre im Schabbelhaus verborgen, weil sie im Volksmund auch „Mann- und Frauloch“ hießen. Dienstag und Donnerstag ist Wochenmarkt. Im März zu den Heringstagen findet das traditionelle Heringsbraten statt, und im August das Schwedenfest. Das Zeughaus, das schwedische Kommandantenhaus sowie die Schwedenköpfe vor dem Baumhaus sind Zeugnisse der Schwedenzeit, die erst 1903 endete.

Marktplatz Wismar, Am Markt, 23966 Wismar
www.wismar.de
ÖPNV: RB bis Wismar Bahnhof, 15 Minuten Fußweg

Möge durch des barmherzigen
Gottes Gnade der Fleiss und die

Der Fisch des Reichskanzlers

61 *Henry Rasmus Fischhandel in Stralsund*

Ob Angela Merkel, Gerhard Schröder oder George W. Bush, alle kosteten ihn schon vor Ort: den Bismarck-Hering. Und sie waren begeistert, denn nur hier gibt es ihn nach dem Originalrezept: bei Henry Rasmus in seinem Fischladen in Stralsund.

Henry war eigentlich gelernter Schiffbauer, er prüfte nautische Geräte auf der Stralsunder Schiffswerft. Als die Treuhand die Werft nach der Wende dichtmachte, stand er auf der Straße. Was für ein Glück, könnte man heute sagen, denn Henry war auch Hobbykoch und liebte Fisch. „Ich mache einen Fischladen auf", sagte er seinen alten Kollegen, aber die lachten schallend. Doch Henry Rasmus ließ sich nicht beirren, restaurierte selbst ein Haus in der Altstadt und eröffnete 1995 seinen Laden mit einer Räucherei.

Heute stehen die Leute Schlange bei ihm, Touristen drücken sich am Schaufenster die Nase platt. Sein Originalrezept stammt von Johann Wiechmann aus dem Jahr 1871, der hatte in Stralsund eine Fischkonservenfabrik und verehrte den Reichskanzler Otto von Bismarck (1815–1898). Nachdem er ihm ein Fässchen von seinen sauer eingelegten Heringen geschickte hatte, fragte Johann Wiechmann an, ob die seinen Namen tragen dürften. Als der Kanzler einwilligte, war der Bismarck-Hering geboren. Die Firma Wiechmann gibt es seit dem Krieg nicht mehr, aber Henry Rasmus machte sich auf die Suche nach den Erben und erwarb 2001 von der Urenkelin Lisa Böse das Originalrezept. Dann kontaktierte er Ferdinand Fürst von Bismarck, der sich über die erneute Namensgebung freute.

Der Fisch kommt ausschließlich aus der Ost- oder Nordsee und wird nach Geheimrezept direkt im Stralsunder Stammhaus verarbeitet. Zwei bis drei Tonnen sind es inzwischen jährlich. In dem kleinen Fischladen von Henry Rasmus kann man ihn erwerben, man kann sich aber auch ein Fässchen nach Hause schicken lassen. Außerdem gibt es Räucherfisch, die beliebten Hiddenseer Pfefferlappen, Zingster Strandräuber und Stralsunder Gabelrollmöpse.

Fischhandel & Räucherei Henry Rasmus, Heilgeiststraße 10, 18439 Stralsund, Tel. (0 38 31) 28 15 38
www.bismarckhering.com
ÖPNV: RB bis Stralsund Bahnhof, 10 Minuten Fußweg

RASMUS
RASMUS
RASMUS
RASMUS

Große und kleine Schiffe

62 *Die Hafenstadt Sassnitz auf Rügen*

Bei einem Urlaub auf Rügen sollte man unbedingt einmal nach Sassnitz fahren! Große Frachter, kleine Kutter, Ausflugsdampfer oder Segelboote – hier gibt es viel zu sehen. Sassnitz ist die wichtigste Hafenstadt der Insel mit dem Fährhafen Mukran Port und dem Stadthafen, Letzterer war zunächst ein reiner Fischereihafen. Doch bereits 1909 verkehrte hier die Königslinie, eine Eisenbahnfähre von Rügen nach Trelleborg ins Königreich Schweden. 1998 wurde der Fährhafen komplett in den Stadtteil Mukran verlegt. Bereits 1986 hatte die DDR Mukran als Umschlaghafen ausgebaut. Weil dort vor allem militärische Güter und Rohstoffe in die Sowjetunion verladen wurden, war das bis 1990 ein nicht zu betretendes Sperrgebiet. Bis heute ist Mukran der einzige westliche Hafen, der über Umschlaganlagen mit der russischen Breitspur für Eisenbahnwaggons verfügt. Mehrmals täglich gehen Fähren nach Bornholm, Trelleborg oder ins russische Baltijsk, weiterhin ist Mukran ein Getreide- und Ölhafen sowie Anleger für Kreuzfahrtschiffe.

Der Stadthafen ist das touristische Zentrum von Sassnitz. Hier starten die Ausflugsdampfer zur Kreideküste mit dem Königsstuhl. Von der Wasserseite ist alles komplett und eindrucksvoll zu sehen und zu fotografieren, außerdem schont eine Bootstour die Natur vor Ort. Empfehlenswert ist ein Spaziergang entlang der 1450 Meter langen Außenmole von Sassnitz. Sie wurde 1889 bis1912 erbaut und war viele Jahrzehnte die längste Europas. Vor Anker liegen viele kleine Kutter, dort bekommt man frischen Fisch direkt vom Fischer. Manche bieten auch Touren zum Hochseeangeln an. Wie in jedem Ostseehafen bekommt man auch hier leckere Fischbrötchen, Back- oder Räucherfisch. Eine 250 Meter lange Hängebrücke, im Volksmund „Balkon mit Meerblick“ genannt, verbindet das Ortszentrum mit dem Stadthafen. Die ehemaligen Kühlhäuser wurden zu hübschen Boutiquen und Restaurants ausgebaut.

TIPP Die Rügener Hafentage Mitte Juli gehören zu den schönsten Veranstaltungen in Sassnitz.

Stadthafen Sassnitz, Hafenstraße 12, 18546 Sassnitz
www.stadthafen-sassnitz.de
ÖPNV: Ab Stralsund Bahnhof RE 9, Haltestelle Sassnitz

ALEXANDER

Geschichte wird lebendig

63 *Das Pommersche Landesmuseum in Greifswald*

Es war um 1046, als erstmals im Slawischen vom Land am Meer, vom „Po morje“ oder „Po more“ gesprochen wurde. Später deutschte man diese Namen zu Pommern ein. Das Land gehörte mal zu Dänemark, dann wieder zu Schweden, von 1815 bis 1918 zum Königreich Preußen und bis 1945 zum Freistaat Preußen. Die Hauptstadt war Stettin. Durch das Potsdamer Abkommen kam es zwischen 1947 und 1951 zu einem Gebietsaustausch, Teile Polens gingen an die Sowjetunion. Polen erhielt Teile der deutschen Ostgebiete. Hunderttausende wurden umgesiedelt oder waren auf der Flucht. Pommern wurde geteilt, und der Name tauchte im offiziellen Sprachgebrauch der DDR nicht mehr auf, es gab nur noch Mecklenburg. Manche bezeichneten sich noch scherzhaft als „Südschweden“. 1990 wurde die ehemalige DDR in Bundesländer eingeteilt. Jetzt hieß es Mecklenburg-Vorpommern. Die Leute waren zunächst verwundert, wo Vorpommern genau lag, wussten die wenigsten. Nur langsam bekam man ein Bewusstsein für das Land zwischen Recknitz, Rügen, Usedom und der Oder. Vielleicht dauerte es deshalb so lange, bis man ein Pommersches Landesmuseum baute, erst am 3. Juni 2005 wurde es eröffnet. Doch das Ergebnis kann sich sehen lassen. Das Museum besteht aus vier Gebäuden unter Einbeziehung eines ehemaligen Franziskanerklosters aus dem 13. Jahrhundert, dem klassizistischen Quistorp-Bau von 1845 und dem Grauen Kloster. Die Architekten des Büros von Gregor Sunder-Plassmann haben das Ensemble um eine gläserne Museumsstraße ergänzt. Gezeigt wird die umfangreichste Ausstellung zu 14.000 Jahren pommerscher Landesgeschichte. Das wertvollste Exponat ist der riesige Croy-Teppich. Er wurde 1554/55 als wichtiges Zeugnis der Reformation gewirkt und ist 6,80 Meter lang und 4,32 Meter hoch. Er zeigt unter anderem die Reformatoren Martin Luther, Melanchthon und Bugenhagen. Beeindruckend ist die Gemäldegalerie mit Werken von Franz Hals, Vincent van Gogh und natürlich Caspar David Friedrich mit seinem Gemälde „Ruine Eldena im Riesengebirge“. Entspannung findet man im beschaulichen Klostergarten.

Pommersches Landesmuseum, Rakower Straße 9, 17489 Greifswald, Tel. (0 38 34) 8 31 20
www.pommersches-landesmuseum.de

ÖPNV: RB bis Greifswald Bahnhof, 10 Minuten Fußweg

UNTERWEGS IN GREIFSWALD
PETER BINDER
50 JAHRE FOTOGRAFIE
Pommersches Landesmuseum

Denkmal aus der Schwedenzeit

64 *Die Seemannskirche im Ostseebad Prerow*

Kommt man von Osten in das kleine Ostseebad Prerow, fällt einem gleich die hübsche Kirche ins Auge: roter Backstein mit einem hölzernen Kirchturm. Die Seemannskirche Prerow ist das älteste Bauwerk auf der Halbinsel Fischland-Darß-Zingst. Zwischen 1726 und 1728 wurde sie zunächst als Fachwerkkirche erbaut, später ersetzte man Holz und Lehm durch Steine. Ganz nah lag der Prerowstrom, der vom Bodden in die Ostsee floss und damit die Inseln Zingst und Darß trennte. Er war eine wichtige Verbindung für die Fischer und Seefahrer. Doch es kam immer wieder zu Sturmfluten, welche die gesamte Insel überschwemmten und schon die Vorgängerkirche zum Einsturz gebracht hatten. Die neue Kirche baute man deshalb auf den höchsten Punkt des Ortes – und siehe da, sie überlebte die große Sturmflut im Jahr 1872. Der Kirchturm wurde zur wichtigen Landmarke für die Seefahrer, brachte aber nicht alle zurück in den sicheren Hafen. Vor dem Darßer Ort befand sich wegen der wandernden Sandbänke eines der gefährlichsten Gewässer. So manches Schiff ist hier gesunken, so mancher Seemann wurde auf dem Kirchhof begraben. Man sieht viele aufwendig gestaltete Grabsteine von Seeleuten, der älteste ist von 1690. Ein Vater aus Dänemark hat ihn für seinen ertrunkenen Sohn gestiftet, ebenfalls ein Tafelbild am Eingang, das schon in der alten Kirche hing. Ein Gerücht besagt, dass sich die Einheimischen über die angelandeten Habseligkeiten der gesunkenen Schiffe freuten und so manches Leuchtfeuer falsch positionierten.

Berühmt wurde die Kirche zu Beginn des 20. Jahrhunderts durch Gemälde der jungen Expressionisten Marianne von Werefkin (1860–1938) und Alexej Jawlensky (1864–1941). Wunderschön ist die Innenausstattung, das maritime Gestühl und die Orgel, 1848 von der Firma Nehrlich in Stralsund gebaut, beeindruckend der barocke Kanzelaltar von 1728. Natürlich dürfen Votivschiffe in einer Seemannskirche nicht fehlen, sie wurden von aus Seenot geretteten Kapitänen gestiftet: etwa 1780 die Peter Kraeft, eine englische Dreimastfregatte, oder 1850 das größere Schiff die Napoleon.

Seemannskirche Prerow, Kirchenort 2, 18375 Ostseebad Prerow
www.fischland-darss-zingst.net

ÖPNV: Ab Rostock Hauptbahnhof RE9, Haltestelle Ribnitz-Damgarten West, dann Bus 210, Haltestelle Prerow Hafenstraße

Traditioneller Trinkort

65 *Die Hafenkneipe Zur Fähre Stralsund*

Kneipenwirtin Hanni ist ein echtes Stralsunder Original. In ihrer urigen Hafenkneipe Zur Fähre verspricht sie: „Keiner wartet hier länger als drei Minuten auf sein Bier!“ 1332 wurde die Kneipe erstmals erwähnt und ist damit eine der ältesten Hafenkneipen Europas. Heute führt Hanni Höpner ein offenes Haus, und sowohl Stammgäste als auch Touristen aus aller Welt sind gern gesehene Gäste.

Einst war das Haus direkt mit dem Fährtor und der Stadtmauer verbunden, von hier aus ging es direkt zu den Landungsstegen. Als die riesigen Koggen der Hanse hier vor Anker lagen, war die Fähre oft das erste Haus, das die Seemänner ansteuerten. Danach ging es oft in die dahinter liegende Mauerstraße zu den zahlreichen Hurenhäusern. Im Mittelalter war das Trinkwasser nicht so sauber wie heute, so war Bier oft ein Grundnahrungsmittel, und es wurde reichlich konsumiert. Dazu kamen der Trinkbrandwein, Kümmel und Korn. Das Haus überlebte mehrere Stadtbrände und über 80 Hochwasserkatastrophen. Gäste sollen Bürgermeister Bertram Wulflam, Schwedenkönig Gustav Adolf, der Pirat Klaus Störtebeker oder auch der Maler Caspar David Friedrich gewesen sein sowie viele andere Persönlichkeiten.

Im Laufe der Jahrhunderte hatte das Haus über 100 Besitzer, im Jahr 1791 kaufte es beispielsweise der Gewürzhändler Daniel Friedrich Paepke für 1200 Reichstaler, ab 1850 waren die Kneiper die Hausbesitzer. Bevor Hanni das Gasthaus 1999 übernahm, wollte man in der Kneipe lieber unter sich sein. Touristen waren verpönt und ihre Vorgänger hingen eine rote Sperrkordel, den „Urlaubertampen“ vor die Tür. Man legte Wert auf einen familiären Charakter, nur Stammgäste hatten Zutritt. Hanni Höpner öffnete das Haus für alle. Jeden Sonntag um 15 Uhr erzählt sie unter dem Motto „Tabernatoria Hanni“ Geschichten von der alten Hafenkneipe. Rechtzeitiges Anmelden wird empfohlen, denn die Plätze sind begehrt und die Kneipe ist doch sehr klein.

Zur Fähre, Fährstraße 17, 18439 Stralsund, Tel. (0 38 31) 29 71 96
www.zurfaehre-kneipe.de
ÖPNV: Ab Stralsund Hauptbahnhof Bus 6, Haltestelle Hafen

»Zur Fähre«
Eine der
ältesten Hafenkneipen Europas
Inh. Hanni Höpner
Trinkt
Stralsunder
Bier.
Sonntags 15
Stellen die Wirtin Hanni
der Kneipe vor
Bestellungen unter

Ohne Mauern

66 *Wandern auf dem Grenzstreifen bei Travemünde*

Was für ein Glück, ohne Mauern und Stacheldraht frei zu radeln! Hier oben im nordwestlichsten Zipfel von Mecklenburg-Vorpommern verlief einmal die deutsch-deutsche Grenze. Die Halbinsel Priwall gehört zu Lübeck und konnte vor dem Mauerfall nur von Westen per Fähre erreicht werden. Aber am 3. Februar 1990 fielen die Schranken, und heute geht das auch wieder auf dem östlichen Landweg. Für die Gäste des Travemünder Hochhaushotels Maritim war die DDR immer in Sichtweite. So mancher hat von seinem Zimmer auf die Grenzanlagen der DDR geschaut. Für die Ostdeutschen blieb dieser nordwestlichste Zipfel ihres Landes eine No-go-Area. Die Badegäste gelangten nur bis zum Ostseebad Boltenhagen, danach war Schluss. Kilometerweit zog sich das sogenannte „Niemandsland", ein streng bewachter Strand, bis hin zur tatsächlichen Grenze. Das Meer war ein Sehnsuchtsort, ein Fluchtweg, den mehr als 150 Menschen mit dem Leben bezahlten. Doch das ist zum Glück vorbei! Die Boltenhagener fahren heute nach Travemünde und umgekehrt. Viele junge Familien aus Lübeck bauen in den grenznahen mecklenburgischen Dörfern. Beliebt ist die Gegend aber vor allem wegen ihrer unberührten Natur. Direkt hinter dem ehemaligen Grenzzaun beginnt ein großes Naturschutzgebiet mit schönen Wanderwegen. Eine entspannte Tour ist der Ostseeküstenradweg von Priwall nach Boltenhagen, immer am Steilufer entlang. Erstes Ziel ist Rosenhagen mit dem Café Strandgut, dann folgt das Schlossgut Groß Schwansee, schließlich das Ostseebad Boltenhagen, insgesamt sind es 27 Kilometer. Zwischendurch kann man immer wieder an den Strand, der hier nicht so überlaufen ist wie andernorts. Wer mehr über die Grenze und die Grenzanlagen wissen möchte, ist gut aufgehoben beim Tourismusverein Dassow. Er bietet geführte Wanderungen ab Priwall an, direkt auf dem ehemaligen Todesstreifen. Diese 12,5 Kilometer lange Tour führt entlang des alten Kolonnenwegs bis nach Dassow, vorbei an geschleiften Häusern und dem völlig überwucherten Grenzturm von Pötenitz.

TIPP

Ab Lübeck-Travemünde fährt die Priwallfähre direkt nach Priwall. www.sv-luebeck.de

Grenzstreifen, Dassow
www.ostsee-naturstrand.de
ÖPNV: Ab Lübeck ZOB Bus 335 oder 390, Haltestelle Dassow Lübecker Straße

NIE
WIEDER
GETEILT
3. FEBR.
1990

67 *Die Warnemünder Woche*

Jedes Jahr Anfang Juli steht das Ostseebad Warnemünde Kopf, denn es findet eines der wohl schönsten maritimen Events an der Ostseeküste statt: die Warnemünder Woche. Ausgetragen werden internationale Segelwettbewerbe, an denen mehr als 2000 Segler aus 30 Nationen teilnehmen. Am Jachthafen an der Mittelmole leuchten dann Hunderte von weißen Segeln. Dort ist der Seglertreffpunkt, und jeder hofft in diesen Tagen auf guten Wind. Wegen seiner langen Wellen ist das Segelrevier vor der Küste Warnemündes besonders beliebt. Zehn Tage lang gibt es Wettkämpfe, wie die 1. und 2. Segel-Bundesliga, die Internationalen Deutschen Meisterschaften der Piraten oder die Internationalen Deutschen Jugendmeisterschaften. Weitere Wettkämpfe finden im Kuttersegeln oder Kitesurfen statt. Organisiert werden die Segelwettbewerbe vom Warnemünder Segel Club e. V., der bereits 1926 die erste Warnemünder Woche veranstaltete.

Neun Tage herrscht in Warnemünde Ausnahmezustand. Den Rahmen bildet ein buntes Sommerfest, das vom Warnemünder Verein e. V. mit vielen ehrenamtlichen Helfern und Sponsoren getragen wird. Den Start macht der traditionelle Ümgang, ein großer bunter Umzug mit zahlreichen Teilnehmern in historischen Kostümen, Künstlern, Vereinen und Unternehmen. In früheren Jahrhunderten fanden sich die Bewohner des kleinen Fischerdorfes immer dann zu so einem Umzug ein, wenn sie einen neuen Vertreter gewählt hatten, der sie gegenüber der Stadt Rostock vertreten sollte. Heute ist es eine lustige Veranstaltung für Einheimische und Besucher, über 600.000 können es schon werden. Für viel Spaß und Unterhaltung sorgen auch die Drachenboot- und Waschzuber-Rennen am Alten Strom. Am Strand wetteifern Beach-Handballer und Kubb-Spieler um Medaillen. Den Besuchern wird hier allerlei geboten. Entlang der Promenade gibt es ein buntes Markttreiben mit einigen Showbühnen, auf denen den ganzen Tag Musik und Tanz stattfinden. Wenn abends die Sonne untergeht, treffen sich alle zu einer Beachparty am breitesten Sandstrand von Mecklenburg-Vorpommern.

Warnemünder Woche, 18119 Rostock-Warnemünde
www.warnemuender-woche.com
ÖPNV: Ab Rostock Hauptbahnhof S1, S2, oder S3, Haltestelle Warnemünde

200295
FRA
4.7
7/1979
HKG
200059
GER
4.7
07986
GBR
208132
GER
IRL

Europäische Elite

68 *Die weiße Stadt am Meer – Seeheilbad Heiligendamm*

Dieser Ort ist voller Magie. Wie an einer Perlenschnur reihen sich die weißen Villen am Meer entlang. Heiligendamm ist das älteste Seebad Deutschlands, hier werden momentan die höchsten Immobilienpreise Mecklenburg-Vorpommerns erzielt. Der Name Heiligendamm entstand im Mittelalter, als eine Sturmflut fast das Kloster Doberan erreichte. Dort beteten die Mönche um dessen Erhalt – und tatsächlich, sie hatten Glück! Der Sturm türmte einen riesigen Berg aus Geröll, Steinen und Sand auf: 30 Meter breit, fünf Meter hoch und vier Kilometer lang. Das war der „heilige" Damm.

Überzeugt von der heilsamen Wirkung des Meerwassers und der guten Salzluft fand 1793 der Arzt Samuel Gottlieb Vogel den passenden Erholungsort für seinen Landesherren Friedrich Franz I. (1756–1837). Am 9. September des Jahres stieg der Herzog hier das erste Mal ins Wasser. Es scheint seiner Gesundheit zuträglich gewesen zu sein, denn nach englischem Vorbild ließ er dort seine Sommerresidenz bauen, und der Adel aus ganz Europa folgte. Bis 1870 entstanden eine Reihe von Logier- und Gesellschaftsbauten.

TIPP Mit der Schmalspurbahn Molli nach Bad Doberan und Kühlungsborn dampfen. www.molli-bahn.de

Zentrum ist bis heute das Kurhaus mit seinen klassizistischen Säulen, 1816 von Carl Theodor Severin (1763–1836) erbaut. Es gehört zum Fünf-Sterne-Resort Grand Hotel und beherbergt das Kurhausrestaurant sowie das Gourmetrestaurant Friedrich Franz, wo Ronny Siewert mehrfach einen Michelin-Stern erkochte. Doch nur noch als zahlender Gast kann man das Areal betreten. Alle anderen parken 500 Meter weiter östlich und spazieren über die Strandpromenade zur Seebrücke. Vorbei geht es an den sieben klassizistischen Villen, welche in den letzten 25 Jahren immer wieder für Unmut sorgten, weil sie verfielen. Doch nun tut sich etwas. Fertig sind bereits die Villen Perle, Möwe und Greif, für die Villa Seestern werden die Wohnungen gerade verkauft, der Quadratmeterpreis liegt bei 18 000 Euro. Trotzdem ist es wunderbar, dort zu flanieren. Es gibt Eis oder Pizza, und die Sonnenuntergänge von der Seebrücke sind legendär.

Bad Doberan-Heiligendamm
www.heiligendamm.info
ÖPNV: Ab Rostock ZOB Bus 121, Haltestelle Bad Doberan-Heiligendamm

Heiligendamm

Fröhliche Kreativwerkstatt

69 *Ein Tag am Meer in Putbus auf Rügen*

Es gibt nur wenige Leute, die sich über einen Sturm freuen, aber Benjamin Treu und Juliane Dressel gehören dazu. Denn danach können sie wieder sammeln gehen. Ihre Spezialität ist Treibgut. Aus Ästen, Bohlen und Wurzeln machen Jule und Ben kleine Kunstwerke, die sich immer größerer Beliebtheit erfreuen. In ihrer Putbuser Kreativwerkstatt kann man sie beobachten und sogar mitmachen. So mancher Baumstamm, der schon lange in der Ostsee trieb, bekam hier ein lächelndes Gesicht und fand danach ein neues Zuhause. Es sind ganz individuelle Figuren und Bilder, die hier entstehen, alles Unikate, die es kein zweites Mal gibt. Gleich neben der Werkstatt ist ihr Geschäft Ein Tag am Meer. Benjamin Treu ist gelernter Tischler und kam aus dem Schwarzwald auf die Insel Rügen. Vor etwa 20 Jahren fing er an, als Gastronom in Bergen auf Rügen zu arbeiten. Er war Eigentümer und Ideengeber des Clubs Mah K`ina und der Bar Wapatiki. Doch nebenbei frönte er immer seinem Hobby: Treibgut sammeln und bearbeiten. Er verwendet nicht nur Holz, sondern auch alte verwaschene Flaschen, rostige Konservendosen, verschlissene Netze oder verknotete Stricke. All das findet er am Strand. Auch seine Partnerin Juliane hatte Freude daran. Es stellte sich heraus, dass sie gerade für die Bemalungen eine sehr ruhige Hand hat und so entwickelten sie gemeinsame Ideen. Die Sache machte ihnen immer mehr Spaß, die lustigen und frechen Figuren wurden nachgefragt. Waren es zunächst erst Geschenke für Freunde, wurden es schnell auch Geschenke für Freunde von Freunden. Durchaus auch eine umweltfreundliche Sache, denn dabei werden keine neuen Rohstoffe für Souvenirs verbraucht, sondern die vorhandenen Ressourcen genutzt, Upcycling eben. Warum aus diesem Hobby nicht ein eigenes Unternehmen machen? Der schöne Laden in der Alleestraße beherbergt heute eine Schauwerkstatt, viele Upcycling-Unikate und andere Rügen-Produkte wie Honig, Seifen, Tees oder auch Taschen aus Segelstoff.

Ein Tag am Meer, Alleestraße 7, 18581 Putbus
www.eintagammeer.info

ÖPNV: Ab Stralsund Hauptbahnhof RE9, Haltestelle Bergen auf Rügen Bahnhof, dann Bus 30 oder 31, Haltestelle Putbus Circus

EIN TAG
AM
MEER
SCHAUWERKSTATT
RÜGEN PRODUKTE
STRANDKUNST | UPCYCLING
UNIKATE

Lass die Puppen tanzen

70 *Homunkulus Figurensammlung auf Hiddensee*

Perfekt angepasst an die Insellandschaft ist dieser moderne Lärchenholzbau der Architektin Johanne Nalbach aus dem Jahr 2014. Auf der autofreien Insel Hiddensee werden nicht mehr viele Neubauten errichtet, denn man möchte das Besondere, die Ruhe und die Natur soweit wie möglich erhalten. Doch in diesem Fall war es dringend notwendig, denn mehr als 200 Puppen einer liebevollen Sammlung suchten ein Zuhause. Seit 1990 schon beschäftigt sich Karl Huck mit Puppen. Er ist Autor, Regisseur und Puppenspieler zugleich. Haucht den kleinen Menschen Leben ein und nennt sein Figurentheater deshalb Homunkulus. 1997 eröffnete er gemeinsam mit seiner Frau Wiebke Volksdorf die Seebühne Hiddensee. Während sie als Direktorin und künstlerische Mitarbeiterin lieber im Hintergrund bleibt, zieht es Karl Huck mit seinen Figuren direkt zum Publikum.

Die Seebühne ist ein privates Kammertheater, es gibt neben Puppenspiel auch Lesungen, Filme und Konzerte. Mit den Jahren hat sie sich zum kulturellen Zentrum der Insel entwickelt. Immer neue Stücke entstanden, es wurden mehr und mehr Puppen, aber ihr Dasein in Koffern und Kisten tat ihnen gar nicht gut. So bekamen sie gleich neben der Seebühne ein schönes neues Haus. Mit der Homunkulus Figurensammlung erfüllten sich Karl und Wiebke einen Lebenstraum. Auch Schneewittchen, John Silver und Pinocchio strahlen nun von den Wänden. Eine Bühne ist auch da, auf der vor allem im Winter gespielt wird, und ein schönes beschauliches Café. Das Ensemble präsentiert Stücke der Weltliteratur von Goethe über Tolstoi bis Shakespeare und natürlich Märchen von Grimm bis Charles Dickens. Aber auch Stücke von Karl Huck stehen auf dem Programm, wie zum Beispiel die „Wetterakademie". Darin erklärt Wetterfrosch Professor Friedrich vom Dornbusch dem Jungfrosch Friedrich die Geschichte der Meteorologie. Wie entsteht ein Regenbogen? Was ist ein Gewitter? Vorbild ist die tatsächliche Wetterstation auf Hiddensee mit dem „echten" Wetterfrosch Stefan Kreibohm. Homunkulus – das ist Abtauchen in Fantasiewelten, Staunen und Lachen für Jung und Alt.

Homunkulus Figurensammlung/Seebühne Hiddensee, Norderende 183, 18565 Vitte/Hiddensee, Tel. (03 83 00) 6 05 93, www.homunkulus.de

ÖPNV: Ab Schaprode Fähre nach Vitte/Hiddensee, 10 Minuten Fußweg

VIT 21
LÜTT
MATTEN

Kauf Dich glücklich

71 *Die Kröpeliner Straße in Rostock*

Für Frauen immer eine große Lust: Rostocks schmucke Einkaufsmeile mit den bunten Giebelhäusern. Die 700 Meter lange Kröpeliner Straße führt vom Kröpeliner Tor bis hin zum Neuen Markt. Dicht an dicht reihen sich hier bekannte Einkaufstempel, kleine Geschäfte und Boutiquen aneinander. Ungefähr in der Mitte liegt der dreieckige Universitätsplatz mit seinem fantasievollen Brunnen der Lebensfreude, dahinter erhebt sich die älteste Hochschule Deutschlands, 1419 gegründet. Hier studierten unter anderem Tycho Brahe, Heinrich Schliemann, Erich Kästner und Rudolf Steiner. Rechts und links der Kröpi gehen kleine Gassen ab, die wiederum zu idyllischen Höfen führen, wie dem Hopfenmarkt oder dem Heiliggeisthof. Hier findet man Ruhe und Beschaulichkeit in hübschen Restaurants oder Cafés.
Ursprünglich war die Kröpeliner Straße halb so lang und erstreckte sich nur über den westlichen Teil. Der östliche Teil war nicht gepflastert und hieß deshalb Blutstraße, was sich auf das niederdeutsche Wort „blot" („bloß") bezog. Bemerkenswert ist die Architektur auf der Kröpeliner Straße, vor allem die zahlreichen Giebelhäuser. Die Rostocker Stadtbibliothek zog in den 1960er-Jahren in das überaus bemerkenswerte Ratschowhaus, ein Backsteinbau aus dem 15. Jahrhundert. Es hat die typischen Treppengiebel, reich verziert mit Reliefs und Medaillons. Wunderhübsch anzusehen ist auch das Herzogliche Palais am Universitätsplatz, es wurde 1714 als Residenz für die Mecklenburger Herzöge errichtet. An das Palais schließt sich das ehemalige Hoftheater mit dem Barocksaal im ersten Stock an. Dort kann man heute feine Konzerte erleben. Darunter residiert die Tourist-Information. Einst standen vor der Tür die Pferdedroschken und warteten auf Kundschaft. Später fuhr dann die Pferdebahn, danach kam „die Elektrische", daneben gab es in der schmalen Straße auch noch regen Autoverkehr. Das war irgendwann zu viel und seit 1968 ist die Kröpi eine Fußgängerzone. Im Sommer versammeln sich Straßenkünstler am Universitätsplatz zum Musizieren, und vom gegenüberliegenden Giebelhaus ertönt ein Glockenspiel.

Kröpeliner Straße 1–99, 18055 Rostock
www.rostock.de
ÖPNV: Ab Rostock Hauptbahnhof Tram 1, 4, 5, 6, Haltestelle Kröpeliner Tor

GENERALI
Subdirektion Buchfink
STADTBÄCKEREI
BONITA

72 *Das Café Frieda auf der Insel Poel*

Auf dem Oertzenhof gibt es immer wieder Grund zum Feiern, denn das Café Frieda stand schon öfter auf den Bestenlisten des „Feinschmeckers". Damit gehört es zu den 500 besten Cafés in Deutschland, die das Hamburger Magazin jährlich auswählt.

An einem stürmischen Tag kräuseln sich die Wellen in der Wismarer Bucht, dann ist bestes Surf- und Kitewetter. Bei ordentlichem Wind fahren die Surfer aus Wismar zu den beliebten Spots nach Neuhof oder an den Timmendorfer Strand. Vorher müssen sie aber über Kirchdorf – und da liegt das schöne Café Frieda.

Als Gut wurde der Oertzenhof bis 1945 bewirtschaftet. Nach der Bodenreform übernahm die Familie Ellmer das ehemalige Inspektorenhaus und den Schweinestall. In den 1950er- und 1960er-Jahren boten sie hier Kinderferienlager an, was vielen gut im Gedächtnis blieb, einige der ehemaligen Kinder kommen heute nach vielen Jahren noch einmal hierher. Den Ellmers folgten Elfriede und Gerhard Allary nach Kirchdorf, sie flüchteten aus Ostpreußen über Gollwitz hierher. Kathy Gordon, ihre Enkelin, zog im Jahr 2000 nach Poel und betreibt seit gut zehn Jahren das Café. Es trägt den Kosenamen ihrer Großmutter: Frieda.

Kathy Gordon legt viel Wert auf Regionalität, Nachhaltigkeit und Frische. Natürlich werden alle Kuchen und Torten hier von Hand gebacken. Statt großer Portionen Zucker wird lieber mit Obst aus dem eigenen Garten gesüßt. Der Kaffee soll nach Möglichkeit Bio und fair gehandelt sein. Besonderes Lob fand der „Feinschmecker" für den Apple-Crumble und die Mohn-Frischkäse-Torte, aber auch die Walnuss-Schoko-Torte oder die Johannisbeer-Schmand-Torte schmecken hervorragend. Abends gibt es leckeren Flammkuchen, und man kann auf der Terrasse sitzen oder den zahlreichen Konzerten im ehemaligen Schweinestall lauschen. Eng verbunden ist Kathy Gordon mit den regionalen Künstlern. Im Café gibt es wechselnde Ausstellungen und auch eine kleine Verkaufsgalerie mit Schmuck, Filz oder Keramik, wo man so manches seltene Stück entdecken kann.

Café Frieda, Oertzenhof 4, 23999 Insel Poel, Tel. (03 84 25) 42 98 20
www.cafe-frieda.de

ÖPNV: Ab Wismar ZOB Bus 230, Haltestelle Poel Sportlerheim

CaféFrieda

Prachtbau der Hanse

73 *Das Rathaus der Hansestadt Stralsund*

Es gibt kaum ein Gebäude in Mecklenburg-Vorpommern, das so beeindruckend ist wie das Rathaus von Stralsund. Es ist das Wahrzeichen der Stadt, eine Perle der norddeutschen Backsteingotik. Natürlich ist die gesamte Altstadt sehr sehenswert und nicht umsonst ist sie, gemeinsam mit Wismar, UNESCO Welterbe.
Stralsund war neben Lübeck die reichste Stadt im südlichen Ostseeraum. Im Hafen lagen die größten Hansekoggen und man kann sich sehr gut vorstellen, wie die vollen Karren mit Pelzen, Getreide, Heringen und Butter den Berg hinauf zum Alten Markt gezogen wurden. Schon bevor der Hansebund geschlossen wurde, fing man um 1300 mit dem Bau des Rathauses an, damals noch als Kobhus, Kaufhaus. Es lohnt sich, einmal um das ganze Gebäude herumzugehen, um zu begreifen, wie wunderbar die ganze Anlage ist. Ein Vier-Flügel-Bau, in der Mitte mit zwei Durchgängen, einmal die Nord-West-Passage, auch Schwedenstraße genannt, und der Ost-West-Gang, der sogenannte Buttergang. Von dort kommt man direkt zur St.-Nikolaikirche, die nur wenige Meter entfernt liegt und hoch über die Dächer der Stadt aufragt. Sie wurde bereits 1276 gebaut. Im Erdgeschoss des Rathauses gab es 40 Läden, alle von außen zu betreten. Als 1680 die Stadt brannte, wurde das Gebäude auch beschädigt und danach mit einer zweistöckigen Galerie im Nord-West-Gang versehen. Im vorderen Querflügel befindet sich der Löwensche Saal, der bis heute Ratssaal ist. Hier wurde 1370 der Stralsunder Frieden, ein Friedensvertrag mit Dänemark, geschlossen. Berühmt ist vor allem die Schauwand des Rathauses zum Alten Markt hin mit den sieben spitzen Türmen und sechs Sternkreisen. Der Ratskeller mit seinen gotischen Kreuzbögen ist der größte seiner Art im Baltikum, mit 1500 Quadratmetern entspricht er der Gesamtfläche des Hauses. In der Adventszeit findet dort traditionell der Handwerkermarkt statt. Rund um das Rathaus und am Alten Markt gibt es einige schöne Cafés und Restaurants, in der Ossenreyerstraße, am westlichen Längsflügel, beginnt die Shoppingmeile der Stadt.

Rathaus Stralsund, Alter Markt 10, 18408 Stralsund
www.stralsund.de
ÖPNV: RB bis Stralsund Hauptbahnhof, 10 Minuten Fußweg

Rosenresidenz

74 *Kunst- und Kulturstadt Putbus auf Rügen*

Wenn hier nicht das Glück zu Hause ist, wo dann? Fährt man über die einmalig schöne Kastanienallee nach Putbus hinein und sieht dort die strahlend weißen Villen und die farbenprächtigen Rosensträucher, muss man sofort anhalten. Hier möchte man verweilen!

Putbus ist eine Planstadt, die Fürst Wilhelm Malte I. (1783–1854) ab dem Jahr 1810 bauen ließ. Vorher war er selbst weit gereist, wollte hier seinen eigenen „italienischen Traum in Weiß" entstehen lassen. Er plante einen erweiterten Schlossbau im Stil des Klassizismus und einen Park mit der größten Allee des deutschen Nordens. Das Schloss wurde 1827 bis 1832 erbaut, brannte 1865 aus und wurde schließlich in den 1960er-Jahren zur DDR-Zeit abgetragen. Doch den wundervollen englischen Park mit sehr alten und seltenen Bäumen gibt es noch, außerdem das Wildgehege.

Das Zentrum von Putbus ist heute noch der Circus, ein Rondellplatz, um den 15 weiße Villen angeordnet sind, wie das Kronprinzenpalais oder das Königliche Pädagogium. In der Mitte des Platzes steht ein 19 Meter hoher Obelisk, der an die Ortsgründung erinnern soll. Von hier gehen acht sternförmig verlaufende Wege ab. Architekturfreunde werden auch am Markt und in der zweiten Reihe noch so manches Kleinod finden. Putbus ist die Kulturhauptstadt Rügens mit dem einzigen Theater der Insel, welches das ganze Jahr geöffnet hat. Es fällt mit seinen großen klassizistischen Säulen sofort ins Auge, bereits 1820 nahm es seinen Spielbetrieb als Fürstliches Schauspielhaus auf. Heute ist es ein Vier-Sparten-Haus mit Musiktheater, Schauspiel, Ballett und Konzert.

Geht man die Alleenstraße etwas weiter hoch, findet man eine bezaubernde Kunstgalerie in der Orangerie, hier werden Sammlungen und wechselnde Ausstellungen gezeigt. Putbus wird außerdem Rosenresidenz genannt, denn vor jedem Haus stehen wunderhübsche Rosenbüsche. Es duftet überall, und man kann sich gar nicht satt sehen. Die Rosen werden ehrenamtlich von einem Verein gepflegt, und es gibt sogar einen Rosendoktor, den Herrn Prill.

Circus Putbus, 18581 Putbus
www.residenzstadt-putbus.de

ÖPNV: Ab Stralsund Hauptbahnhof RE9, Haltestelle Bergen auf Rügen Bahnhof, dann Bus 30 oder 31, Haltestelle Putbus Circus

75 *Die Seebrücke in Ahlbeck auf Usedom*

Keine Ferien auf der Insel Usedom ohne den Besuch der Seebrücke von Ahlbeck. Sie ist die älteste Seebrücke Deutschlands und das am häufigsten fotografierte Motiv der Insel. Die Kaiserbäder Bansin, Heringsdorf und Ahlbeck ziehen sich insgesamt 8,5 Kilometer an der längsten Promenade Europas entlang. Das jüngste Seebad ist Bansin mit seinen bergigen Höhen. Im Hinterland gibt es romantische Plätzchen am Achterwasser. Das mondäne Heringsdorf mit seinen Bädervillen verdankt seinen Namen Kaiser Wilhelm I. (1797–1888). Als der, damals noch Kronprinz, am Strand die vielen Heringsfässer sah, nannte er den Ort: Heringsdorf.
Durch die frühe Eisenbahnverbindung in die kaiserliche Hauptstadt wurde Usedom schnell zur „Badewanne der Berliner", und das ist auch heute noch so. Luxuriöse Sommervillen im Stil des Klassizismus bis zur italienischen Renaissance entstanden. Adel und Künstler kamen, Thomas und Heinrich Mann, Tolstoi und Fontane. In Ahlbeck baute man 1882 die imposante Seebrücke über dem Strand samt hölzernem Flachbau mit vier Türmchen. Das Bauwerk steht unter Denkmalschutz und ist auch im Innern sehr sehenswert mit seinen Holzdecken, Säulen und Erkern. 1898 wurde die Seebrücke um einen 280 Meter langen Steg ins Meer ergänzt. Dort befindet sich heute ein Schiffsanleger, von dem die Ausflugsdampfer ins polnische Swinemünde, nach Mistroy oder Kolberg starten. Auf der Seebrücke gibt es ein Restaurant mit regionaler und gutbürgerlicher Küche. Bei schönem Wetter kann man auch draußen auf der Terrasse sitzen und hat einen herrlichen Ausblick auf die typische Bäderarchitektur mit schneeweißen Schlössern, Villen und Palästen. Abends öffnet auf der Seebrücke die Bar Kogge, ideal für einen gemütlichen Abend in maritimem Ambiente. Sehr oft wurde die Seebrücke auch zur Filmkulisse. 1991 wurden hier mit Vicco von Bülow alias Loriot (1923–2011) Filmszenen zu „Pappa ante portas" gedreht. Dazu wurde die Brücke weiß gestrichen, genauso hatte sie Loriot aus seiner Kindheit in Erinnerung. Weitere Seebrücken sind in Zinnowitz, Koserow, Bansin und Heringsdorf.

Seebrücke Ahlbeck, Dünenstraße 37, 17419 Seebad Ahlbeck
www.seebruecke-ahlbeck.de
ÖPNV: Ab Stralsund Hauptbahnhof RB23, Haltestelle Ahlbeck Bahnhof, dann Bus 290/291, Haltestelle Ahlbeck Strandpromenade

Wo Seebären ihr Bier trinken

76 *Das Gasthaus Zur Kogge in Rostock*

Niemand weiß so genau, wie viel Seemannsgarn hier schon gesponnen wurde, aber es müssen wohl etliche Tausend Meter gewesen sein. Seit über 150 Jahren kommen Seemänner aus aller Welt in die Kogge, um hier ihr Bier zu trinken. Nahe dem Stadthafen, in einem typisch hanseatischen Giebelhaus, liegt das älteste maritime Gasthaus Rostocks. Zunächst stand das Lokal jedoch als Stadt Hamburg im Adressbuch, danach hatte es viele Namen: Stadt Kiel, Schifferhus, Tusculum und ab 1945 dann Zur Kogge.

Das Restaurant ist seit Langem kein Geheimtipp mehr, sondern weltweit beliebt, bekannt bei Seefahrern, Einheimischen und Touristen, nicht zuletzt wegen der urigen und imposanten Inneneinrichtung. Der Tresen stammt noch aus dem Jahr 1856, aus der Zeit der Eröffnung. Auf zwei Ebenen, dem Ober- und Unterdeck, gibt es unheimlich viel zu entdecken. Die holzgetäfelten Wände sind geschmückt mit präparierten Sägefischen, Seeigeln oder anderen Bewohnern der Weltmeere. Man kann Rettungsringe von Schiffen sehen, die schon längst untergegangen sind, und an den Bordtischen geht man auf virtuelle Weltreise: Geldscheine und Münzen aus aller Herren Länder sind dort drapiert. Seefahrerromantik verströmen auch die von der Decke hängenden sehr alten Schiffsmodelle oder der Kugelfisch über dem Tresen. Auf der Karte stehen viele Fischgerichte, die inzwischen Kultcharakter haben wie die gebratenen grünen Heringe mit Speckbohnen, der Labskaus oder das Matjesfilet Matrose. Dorsch, Zander, Rotbarsch oder Ostseescholle werden frisch, je nach Saison, zubereitet. Für den kleinen Hunger gibt es auch eine kräftige Fischsuppe oder Fish and Chips. Da es traditionell durch die Fähren zwischen Rostock und Skandinavien eine enge Verbindung gen Norden gibt, findet sich das auch in der Speisekarte wieder, wie die Eisbecher Cup Dänemark und der Schwedeneisbecher zeigen. Bei den Schiffsglocken sollte man allerdings sehr vorsichtig sein, denn wer die ungefragt läutet, der „mutt ne Laag betalen“. Na dann: Willkommen an Bord!

Zur Kogge, Wokrenter Straße 27,18055 Rostock, Tel. (03 81) 4 93 44 93
www.zur-kogge.de
ÖPNV: Ab Rostock Hauptbahnhof Tram 2, 3, Haltestelle Stadthafen

ZUR KOGGE
Rostocks maritime Gaststätte
ROSTOCKER
30
ZONE

Hart am Wind

77 *Oceanblue Watersports im Ostseebad Rerik*

Lukas ist schon hibbelig, immer wieder schielt er vom Laptop auf sein Handy. Der junge Umweltmanager ist vor einem halben Jahr nach Wismar gezogen. Nicht nur wegen des Jobs, vor allem auch wegen seines Hobbys, dem Kitesurfen. Was Lukas heute so unruhig macht ist der Wind. „So ab vier Beaufort werde ich nervös", erzählt er mir später, als wir am Ufer stehen. Sir Francis Beaufort war ein britischer Admiral, nach ihm ist die Windstärke auf einer Skala von eins bis zwölf benannt. Für den normalen Kitesurfer ist eine Windstärke von vier bis sechs Beaufort ideal. In Mecklenburg-Vorpommern gibt es mehrere sehr gute Hotspots wie Ahrenshoop, Kägsdorf oder Beckerwitz, aber vor allen wird immer wieder Rerik genannt. Der Ort liegt auf einer Landzunge zwischen Salzhaff und Meer und bietet so zwei Möglichkeiten, ideal für alle Windrichtungen und Bedingungen. Das Salzhaff ist ein Stehrevier und mit dem flachen Uferbereich ideal für Anfänger. So sieht man neben Kindern und Jugendlichen auch viele Best Ager, die sich mit dem Wassersport einen lang gehegten Wunsch erfüllen. Wellenreiten, Windsurfen, Stand-up-Paddling oder Kiten kann man zum Beispiel bei Volker Kramer und Sarah Agte lernen, in ihrer Surfschule Oceanblue Watersports. Ein Kite-Schnupperkurs dauert zwei Stunden. Windsurfen, das Gleiten mit Segel und Surfbrett auf dem Wasser, dieser Trend der 1980er-Jahre, lebt gerade wieder auf. Für viele Ostdeutsche ist das ein absolutes Glücksgefühl, denn man darf nicht vergessen, dass es zur DDR-Zeit streng verboten war. Heute kaum noch vorstellbar, aber es gab damals weder Segelboote, Ausflugsdampfer noch Surfer auf dem Meer. Allein die Patrouillenboote der Marine sah man. Alle 20 Minuten kreuzten sie vor der Küste. Zwei Surfern gelang 1986 die Flucht von Hiddensee nach Dänemark, das war eine Entfernung von 70 Kilometern. Vorher hatten beide nur auf Binnenseen trainiert, nun begaben sie sich in Lebensgefahr. Es war ein Wunder, dass sie das schafften. Heute klingt das weit weg, aber so war es hier, wo man heute ganze Familien mit dem Stand-up-Paddle auf dem Wasser sieht.

Oceanblue Watersports, Am Parkplatz 1 b, 18230 Ostseebad Rerik, Tel. (01 52) 02 70 91 61
www.oceanbluewatersports.de

ÖPNV: Ab Rostock-Kühlungsborn ZOB Bus 121, Haltestelle Rerik

NAISH
NAISH
PIVOT 10

Wald, so weit das Auge reicht

78 *Die Rostocker Heide bei Markgrafenheide*

Die Rostocker haben großes Glück, nicht nur weil ihre Stadt direkt an der Ostsee liegt, sondern vor ihrer Tür erstreckt sich auch noch ein wunderbarer Küstenwald: die Rostocker Heide. Sie ist der Rest eines riesigen Urwaldes, der einst von Pommern bis zu den Niederlanden reichte. 6000 Hektar groß ist der Küstenwald von Markgrafenheide bis Graal-Müritz, und dahinter geht es noch weiter bis zum Ostseebad Dierhagen. Im Jahr 1252 verkaufte Slawenfürst Borwin III. die Rostocker Heide an die Stadt Rostock. Bis heute ist die Stadt eine der fünf größten kommunalen Waldbesitzer Deutschlands. Hier ließen die Rostocker Kaufleute das Holz für die prächtigen Hansekoggen schlagen. In zahlreichen Köhlereien gewann man Teer und Pech zum Versiegeln der Schiffe. Sehen kann man das noch heute im Freilandmuseum Wiethagen. Obwohl der Wald der Stadt gehörte, durften die Fürsten noch im südlichen Teil jagen, dort erhält man heute im prächtigen Jagdschloss Gelbensande Auskunft über die Geschichte der Mecklenburgischen Fürsten.

Der gesamte Wald ist ein Landschaftsschutzgebiet mit mehreren kleineren Naturschutzgebieten. 827 Hektar sind Moore, Seen und Bäche, wo Kraniche, Eisvögel und andere seltene Vögel brüten. Es gibt ein umfangreiches, gut ausgeschildertes Wander- und Radwegenetz. Jederzeit kann man zum Meer abbiegen und findet dort einen wildromantischen, nicht überfüllten Strand. Quer durch die Rostocker Heide führt der Europaradweg EV10.

Südlich von Markgrafenheide liegt das Naturschutzgebiet Schnatermann. Das hat allerdings nichts mit Schnattern zu tun. „Schnat“ bedeutete im Slawischen Grenze, und das Haus des Schnatermann markierte den Grenzpunkt des Waldbesitzes. Schon um 1920 war der Gasthof Schnatermann ein beliebtes Ausflugsziel. Seit April 2019 neu bewirtschaftet, gibt es dort neben Kaffee und Kuchen auch leckere Grillspezialitäten. Zurück geht es dann auf dem Wasser mit dem Raddampfer Schnatermann nach Warnemünde oder Markgrafenheide. Die Fahrräder können mitgenommen werden.

Rostocker Heide
www.rostock-markgrafenheide.de, www.schnatermann-rostock.de
ÖPNV: Ab Rostock-Warnemünde Fähre 1, Haltestelle Hohe Düne, dann Bus 18, Haltestelle Markgrafenheide Schulzenwiese

79 *Die Bunte Stube im Ostseebad Ahrenshoop*

Wer nach Ahrenshoop kommt, muss unbedingt die Bunte Stube besuchen. Bereits in fünfter Generation werden hier von Familie Wegscheider schöne Dinge angeboten: Selbstgenähtes oder Gehäkeltes, Batik, Schmuck aus Bernstein, Holzspielzeug, Bilder, Bücher, Tee und Naturprodukte. Nie war die Bunte Stube ein bloßer Souvenirladen. Die Sachen, die hier verkauft werden, sind echtes Kunsthandwerk.
Begonnen hat die Ahrenshooper Familiengeschichte mit der Berlinerin Katharina Wegscheider, sie fühlte sich von der Künstlerkolonie angezogen und kaufte 1908 das Haus des Malers Prof. Martin Körte (1857–1929). 1914 kam gleich nebenan ein Häuschen mit Reetdach dazu. Die nächste Generation waren Martha Wegschneider und ihr damaliger Ehemann, der Berliner Maler Hans Brass. Am 8. Juni 1922 eröffnete Martha zunächst ein kleines Geschäft im Reethäuschen mit dem Namen Bunte Stube. Der Erlös sollte die beiden Ferienhäuschen erhalten, es wurden Kurzwaren und Kunstgewerbe angeboten. Hans Brass (1885–1959), der als expressionistischer Maler unter den Nationalsozialisten als „entarteter" Künstler galt, bemalte auch Holzdosen und batikte Stoffe. Später siedelten beide ganz nach Ahrenshoop um. 1929 entstand der heute noch erhaltene Anbau des Bauhausarchitekten Walter Butzek (1886–1965) mit dem rot-weißen, runden Turm. In den 1930er-Jahren gehörten ein Frisörsalon und ein Autodienst dazu sowie bis 1954 auch ein Schneideratelier. Der Sohn Fritz Wegscheider brachte den Laden als OHG über die Nachkriegszeit, fotografierte die ersten Ansichtskarten und veranstaltete Kunstausstellungen. Er gab dem Laden seinen heute noch typischen Charakter mit hochwertigen, schönen Dingen. 1984 folgte Sohn Andreas, der das Geschäft über die Wende rettete, die Möglichkeiten der freien Marktwirtschaft nutzte und einen eigenen Verlag für Postkarten und Kalender gründete, den Verlag Bunte Stube. 2018 übernahm sein Sohn Max Wegscheider, der extra aus dem Ausland in die Heimat zurückkam, die Geschicke des Traditionshauses, er will mehr Kunstausstellungen etablieren.

Bunte Stube, Dorfstraße 24,18347 Ahrenshoop
www.bunte-stube.de
ÖPNV: Ab Rostock Hauptbahnhof RE9, Haltestelle Ribnitz-Damgarten West, dann Bus 210, Haltestelle Ahrenshoop Mitte

dtv
Deutscher
Taschenbuch
Verlag

Die Krone Rügens

80 *Das Jagdschloss Granitz bei Binz*

Schöner kann ein Jagdschloss kaum liegen. Gleich hinter dem Ostseebad Binz beginnt ein 982 Hektar großes, hügeliges Waldgebiet, das man die Granitz nennt. Das Wort kommt von „Granitza" aus dem Slawischen und bedeutet Grenze. Der große Wald ist ein Naturschutzgebiet, das zum Biosphärenreservat-Südost-Rügen zählt. Vor allem Buchen und Traubeneichen wachsen hier, aber es gibt auch Nadelhölzer. Typisch sind kleine und größere Hügel, die durch die Eiszeit entstanden sind. Auf der höchsten Erhebung, dem 107 Meter hohen Tempelberg, steht das Jagdschloss Granitz. Es ist heute das meistbesuchte Museumsschloss von ganz Mecklenburg-Vorpommern, und das, obwohl man nicht direkt mit dem Auto vorfahren kann. Durch die Granitz führen zahlreiche, gut ausgeschilderte Wander- und Radwege. Weitere Höhepunkte sind der Schwarze See, das Grabmal des finnischen Kriegers oder die Teufelsschlucht. Rundherum gibt es auch zahlreiche Hügel- und Großsteingräber, die einen Besuch lohnen.

Zwischen 1837 und 1846 ließ Fürst Wilhelm Malte von Putbus (1783–1854) das Jagdschloss im Stil der norditalienischen Renaissancekastelle zunächst mit vier Türmen errichten. Den Auftrag hatte er dem Berliner Architekten Gottfried Steinmeyer (um 1780–1851) erteilt. Später ließ er das Gebäude noch durch einen 38 Meter hohen Mittelturm ergänzen, entworfen von keinem Geringeren als Karl Friedrich Schinkel (1781–1841). Für die Besteigung dieses Turmes muss man absolut schwindelfrei sein: 154 gusseiserne Stufen führen im Innern des Turmes nach oben. Sie sind durchbrochen, sodass man scheinbar in der Luft schwebt. Eine solche architektonische Besonderheit gibt es sonst kaum. Hat man es bis nach oben geschafft, wird man fürstlich belohnt mit einem herrlichen Ausblick auf Meer und Insel. Im Inneren des Jagdschlosses werden eine große Trophäensammlung, historische Möbel und diverse Sonderausstellungen gezeigt. Im Sommer gibt es Konzerte und Naturführungen in die Umgebung.

Jagdschloss Granitz, 18609 Ostseebad Binz/Rügen
www.jagdschlossgranitz.de

ÖPNV: Ab Stralsund Hauptbahnhof RE9, Haltestelle Binz, dann ab Kleinbahnhof Binz LB Rasender Roland, Haltestelle Jagdschloss Granitz

Bibliografische Informationen der Deutschen Nationalbibliothek
Die Deutsche Nationalbibliothek verzeichnet diese Publikation in der Deutschen Nationalbibliografie; detaillierte bibliografische Daten sind im Internet über http://dnb.d-nb.de abrufbar.

2. Auflage 2021
Konzeption/Satz: Droste Verlag, Düsseldorf
Einbandgestaltung und Illustrationen: Britta Rungwerth, Düsseldorf, unter Verwendung von Bildern von © Fotolia.com: jd - photodesign.de; © iStock: Plociennik Robert
Fotos: Dolores Kummer, außer:
Adobe Stock: S. 71 (wiw), S. 157 (travelpeter), S. 167 (pwmotion); Archiv Hanse Sail Rostock/Lutz Zimmermann: S. 75; Joachim Kloock/Zoo Rostock: S. 119; Janet Lindemann, Stralsund: S. 65, S. 147; Oceanblue Watersports: S. 161

FSC® www.fsc.org MIX Papier aus verantwortungsvollen Quellen FSC® C011279

Druck und Bindung: LUC GmbH, Greven
ISBN 978-3-7700-2167-3

www.drosteverlag.de